BAYU CANGZHEN

——CHONGQING SHI DI-YI CI

QUANGUO KEYIDONG WENWU PUCHA

WENWU JINGPIN TULU

巴渝
藏珍

重庆市第一次全国可移动文物普查文物精品图录

书画 碑刻 古籍卷

主 编 幸 军

副主编 程武彦 柳春鸣 钟冰冰 欧阳辉

西南师范大学出版社

国家一级出版社 全国百佳图书出版单位

图书在版编目(CIP)数据

巴渝藏珍：重庆市第一次全国可移动文物普查文物
精品图录 / 幸军主编. — 重庆：西南师范大学出版社，
2019.3
ISBN 978-7-5621-5572-0

Ⅰ. ①巴… Ⅱ. ①幸… Ⅲ. ①文物-普查-重庆-图
录 Ⅳ. ①K872.719

中国版本图书馆 CIP 数据核字(2019)第 045488 号

巴 渝 藏 珍
——重庆市第一次全国可移动文物普查文物精品图录

主编 幸 军

责任编辑：杨景罡　曾　文　周明琼　熊家艳
　　　　　翟腾飞　鲁　艺　杨　涵　高　勇　谭小军
责任校对：钟小族
书籍设计：王　煤
出版发行：西南师范大学出版社
　　　　　中国·重庆市北碚区天生路 2 号
　　　　　邮编：400715
　　　　　网址：www.xscbs.com
经　　销：新华书店
排　　版：重庆新金雅迪艺术印刷有限公司
印　　刷：重庆新金雅迪艺术印刷有限公司
幅面尺寸：210 mm×280 mm
印　　张：91
字　　数：1213 千字
版　　次：2019 年 5 月第 1 版
印　　次：2019 年 5 月第 1 次印刷
书　　号：ISBN 978-7-5621-5572-0

定　　价：698.00 元(全六卷)

重庆是中国历史文化名城,具有悠久的历史和光荣的革命传统,积淀了巴渝文化、革命文化、抗战文化、三峡文化、移民文化、统战文化等人文底蕴。这些丰厚的文化遗产,延续着这座城市的历史记忆。

可移动文物是宝贵的文化遗产,是传承弘扬中华优秀传统文化的重要载体。2012 年至 2016 年,国务院部署开展第一次全国可移动文物普查,这是保护传承中华优秀传统文化的重大举措,是加强国家软实力建设的重要文化战略,也是全面夯实我国文物工作基础的关键工程,具有里程碑意义。

五年来,在重庆市委、市政府的领导下,全市各级有关部门和各级普查机构精心组织、高效推进,广大一线普查员攻坚克难、敬业奉献,圆满完成了可移动文物普查任务,取得了丰硕的普查工作成果。

面对可移动文物总量大、范围广、类型多、收藏单位多元、保存情况复杂等现状,我市以县域为基本单元、国有单位为基本对象的网格式调查排查,实现了地理范围的全覆盖、国有单位的全参与、文物核心指标的全登记,摸清了国有可移动文物家底,建立起全市可移动文物资源数据库。普查结果显示,全市国有文物收藏单位有 165 家,采集登录可移动文物 148.2489 万件,收录文物照片 91.5479 万张。我市国有可移动文物呈现出文物类型丰富、文化序列完整、地域特色鲜明、分布相对集中等特点。35 个文物类别均有分布,从 200 万年前至现代,重要历史时期反映社会生产生活的各类文物齐备,三峡文物、革命文物、抗战文物最具重庆地域特色。

在普查过程中,全市参与普查工作的普查员共 6671 人,举办各类培训 432 次,共调查国有单位 26104 家,新建近 15 万件/套文物的档案。各单位按照普查工作要求开展藏品清点,核查账物对应情况,补充完善文物信息,健全藏品账目档案,建立健全文物管理制度。同时,我市还通过自主研发文物信息离线登录平台,建立文物信息逐级审核制度、数据审核专家责任制等工作机制,确保了普查进度和数据质量。

通过五年的普查,全市建立了国有可移动文物认定体系,健全了国有可移动文物收藏管理制度,构建了国有可移动文物动态监管体系,建立起统一的可移动文物的登录标准,为我市可移动文物保护和利用奠定了良好的基础,也为探索建立覆盖全市所有系统的文物保护利用体系创造了条件。

普查工作期间,我市还在文化遗产宣传月和主题日组织开展形式多样的专题宣传活动,利用文物普查成果,拍摄《国宝大调查》专题片,举办"细数家珍,传承文明——重庆市第一次全国可移动文物普查"展览,并在全市各区县巡展,普及文化遗产保护知识,营造文化遗产保护氛围。重庆中国三峡博物馆组织参观者探访文物保护中心实验室,让观众了解文物保护修复过程;重庆市文化遗产研究院组织文物保护志愿者走进考古工地,体验考古发掘出土文物的过程,组织文博专家在各大中小学开展文化遗产保护专题讲座,提升青少年学生对文化遗产保护的认知。

普查过程中,各普查收藏单位通过对珍贵文物的整理研究,进一步发掘出文物的历史价值、艺术价值和科学价值,发表与普查成果相关的文章150余篇,还出版藏品图录和藏品专题研究图书。2013年起,以普查为契机,我市率先启动抗战可移动文物专题研究,先后对全市抗战文物、革命文物、长征文物(可移动文物部分)进行调查统计,为下一步开展文物保护利用奠定了良好的基础。2016年,受国家文物局委托,我市对四川、云南、贵州、重庆等西南4省市的抗战可移动文物进行专项调查,并编制完成了《抗战文物(可移动)专项调查报告——以西南四省市为例》。

在可移动文物普查基础上,我市组织开展镇馆之宝评选活动,评选出354件/套镇馆之宝。重庆中国三峡博物馆先后编辑出版《重庆中国三峡博物馆馆藏文物选粹·玉器》《重庆中国三峡博物馆馆藏文物选粹·鼻烟壶》和《重庆中国三峡博物馆馆藏文物选粹·铜镜》等图录,以"馆藏江南会馆文物资料整理与研究"为题,作为2015年度重庆市社会科学规划特别委托项目立项。渝北区编辑出版《渝北古韵》,在普查清理木质文物的基础上,重点研究馆藏特色古床等文物。黔江区文化部门经过系统整理,出版了《双冷斋文集校注》《笏珊年谱校注》,填补了黔江区清代历史文献的空缺。

为了让第一次全国可移动文物普查成果更好地服务于社会,重庆市文物局编辑出版《巴渝藏珍——重庆市第一次全国可移动文物普查总结报告暨收藏单位名录》和《巴渝藏珍——重庆市第一次全国可移动文物普查文物精品图录》。前者由重庆市的普查总报告、全市6家直属单位和39个区县的普查分报告、重庆市第一次全国可移动文物普查收藏单位名录三个部分组成,是中华人民共和国成立以来重庆市首次对可移动文物进行全面综述;后者从全市石器、铜器、书法绘画等35个类别、148.2489万件藏品中遴选出1604件/套文物,分六卷进行编辑,入选文物年代序列完整,类型丰富,是全市国有可移动文物珍品的群集荟萃,反映了重庆历史文化传承脉络,体现了重庆深厚的历史文化底蕴。

保护文物功在当代,利在千秋。回望过去,我市通过普查,全面掌握了可移动文物的数量分布、保存状况、文物价值等重要信息,向摸清文物资源家底、健全文物管理机制、发挥文物公共服务功能迈出了关键的一步。展望未来,保护文物、传承历史,让收藏在博物馆的文物、陈列在广阔大地上的遗产、书写在古籍里的文字都活起来,我们深感任重道远。

幸 军

Preface

Chongqing is a historically and culturally prestigious city in China that boasts a long history and a glorious revolutionary tradition. Chongqing has cultivated Bayu culture, revolution culture, culture of War of Resistance Against Japanese Aggression, the Three Gorges culture, immigrant culture, united front culture, and other humanistic and cultural references, leaving an extremely rich cultural heritage and extending the historical memory of the city.

Movable cultural relics are precious cultural heritages and important carriers for the inheritance and promotion of excellent traditional Chinese culture. From 2012 to 2016, the State Council had deployed and carried out the first national survey on movable cultural relics, which was a major measure taken to preserve and inherit excellent traditional Chinese culture, an important cultural strategy to promote national soft power, and a key project to comprehensively consolidate the foundation of Protecting China's cultural relics.

Over the past five years, under the leadership of the municipal Party committee and municipal government of Chongqing, relevant departments at all levels within the city have formulated the overall planning and requested high standards; census institutions at all levels have meticulously organized and efficiently promoted relevant work; plenty of front-line census enumerators have overcome various difficulties and dedicated to the project, successfully completing the first national census on movable cultural relics and achieving fruitful census results.

Faced with a large number of movable cultural relics that come from a wide range and are reserved by various collection units with complex preservation conditions, the city carried out a grid-style screening and examination which took counties as the basic units and state-owned units as the basic objects. Eventually, the city realized coverage of all geographical areas, participation by all state-owned units, and registration of all key indicators of cultural relics, captured a clear picture of state-owned movable cultural relics, and established the city's movable cultural relics resources database. According to the census results, there are 165 state-owned cultural relics collection units in the city, among which 1,482,489 movable cultural relics and more than 90 thousand photos of cultural relics have been collected and registered. The state-owned movable cultural relics in our city are characterized by rich types of cultural relics, complete cultural sequences, distinct regional characteristics, relatively concentrated distribution, etc. Dating from modern times to 2 million years ago, cultural relics have been found in all 35 types, including complete cultural relics that reflected the production and social life in important historical periods. The cultural relics of the Three Gorges, revolution, and the War of Resistance are of the most distinctive regional features of Chongqing.

During the census, a total of 6,671 census enumerators have participated, 432 trainings of various kinds have been held, a total of 26,104 state institutions have been surveyed, and nearly 150,000 pieces/set of new cultural relics archives have been built. In accordance with the requirements of the census, all units have carried out inventory checking of cultural relics, checked up accounts, supplemented cultural relics information, improved the accounts and archives of cultural relics, and established a sound cultural relics management system. Meanwhile, the city has developed an offline registration platform for cultural relics information through independent research and established a level-by-level verification system for cultural relics information and an expert responsibility system for data verification and other working mechanisms, which ensured the normal work progress and high data quality of the census.

Through five years of census, the city has established an identification system for state-owned movable cultural relics, a sound collection and management system for state-owned movable cultural relics, built a dynamic supervision system for state-owned movable cultural relics, and established a unified registration standard for movable cultural relics, laying a solid foundation for the protection and utilization of movable cultural relics, and providing conditions for exploring to build a system for the protection and utilization of cultural relics that covers all systems in the city.

During the census, the city has organized various forms of special promotional activities in the Cultural Heritage Promotion Month and on the Cultural Heritage Promotion Theme Day. Making use of achievement of the census, the city produced a feature film called *the National Treasure Census*, held exhibitions in all districts and counties of the city titled *Checking out Family Treasures and Passing Down Civilization—Chongqing's First Census on National Movable Cultural Relics*, popularized knowledge on cultural heritage protection and created an atmosphere for cultural heritage protection. Chongqing China Three Gorges Museum organized visitors to see the laboratory of the Cultural Relics Protection Center for them to understand the conservation and restoration process of cultural relics. Chongqing

Institute of Cultural Heritage organized cultural relic protection volunteers to set foot on archaeological sites and experience the process of excavating unearthed cultural relics, and organized cultural and museological experts to hold special lectures on cultural heritage protection in primary and secondary schools, so as to raise young students' awareness of cultural heritage protection.

In the process of the census, all collection units have further explored the historical value, artistic value and scientific value of culture relics, published more than 150 articles related to the census results, and published collection catalogues and special research books on collections through collating and research of the precious cultural relics. Since 2013, taking the census as an opportunity, the city has taken the lead in starting special research on the movable cultural relics during the War of Resistance. The census and statistics on relics concerning the War of Resistance, revolution, and the Long March (movable cultural relics) of the city have been conducted successively, laying a good foundation for further protection and utilization of cultural relics. In 2016, entrusted by the National Cultural Heritage Administration, the city conducted a special examination on movable cultural relics concerning the War of Resistance in 4 provinces and municipality in southwest China （Sichuan, Yunnan, Guizhou, and Chongqing), completed the compilation of *Special Survey Report on Relics of the War of Resistance （Movable） — Taking Four Provinces and Municipality in Southwest China as An Example*.

Based on the census on movable cultural relics, the city organized a selection of museum treasures in which 354 pieces/set of museum treasures stood out. Also, cultural and creative design contest was launched, and Chongqing China Three Gorges Museum has successively edited and published catalogues including *Selective Collection of Chongqing China Three Gorges Museum — Jades*, *Selective Collection of Chongqing China Three Gorges Museum — the Snuff Bottles*, and *Selective Collection of Chongqing China Three Gorges Museum — the Bronze Mirrors*. A special project named *Data Compilation and Research of Cultural Relics of Jiangnan Club* was launched as entrusted by Chongqing social science planning of 2015. Yubei District edited and published *Yubei Ancient Charm*. On basis of the examining and sorting out wooden cultural relics, it focused on research on featured ancient beds and other cultural relics in the collection. After systematical arrangement, the cultural department of Qianjiang District published *Annotates on the Collected Works of Shuanglengzhai* and *Annotates on the Hushan Chronology*, which filled the gap of historical documents of Qianjiang District during the Qing dynasty.

In order to make the results of the first national census on movable cultural relics better serve the society, the Cultural Heritage Bureau of Chongqing edited and published *Bayu Treasures — Summary of Chongqing's First National Census on Movable Cultural Relics and Collection Units Directory* and *Bayu Treasures — the Catalogue of Selective Cultural Relics from Chongqing's First National Census on Movable Cultural Relics*. The former is composed of 3 parts: The census report by Chongqing municipality, the reports by 6 directly affiliated units of Chongqing municipality and 39 districts and counties, as well as directory of the collection units of Chongqing's first national census on movable cultural relics. It is the first comprehensive census on movable cultural relics in Chongqing since the founding of the People's Republic of China. The latter selects more than a thousand pieces/sets of cultural relics from 1,482,489 items among the city's 35 categories including stone and bronze artifacts, calligraphy, and paintings. It is compiled in six volumes with complete chronological sequences and various types of cultural relics. It boasts a diverse collection of state—owned movable cultural relics of the city, reflects the historical and cultural context of Chongqing, and demonstrates the profound historical and cultural heritage of Chongqing.

The preservation of cultural relics in the contemporary benefits generations in the future. Looking back on the past, the city has comprehensively grasped the quantity, distribution, preservation status, cultural heritage value and other important information of movable cultural relics through the census, which is a pivotal step to obtain a thorough understanding of cultural heritage resources, improve the cultural heritage management mechanism, fulfill the public service function of cultural heritage. Looking forward to the future, we have a long distance to cover and heavy responsibilities to shoulder in protecting cultural relics, inheriting the history, and bringing to life the cultural relics collected in museums, heritage displayed on the vast land, and characters written in ancient books.

XING, Jun

目录

一

本卷共收录文物 181 件/套,可分为甲骨、碑刻拓本、古籍善本以及书法绘画共四大类,涵盖了第一次全国可移动文物普查分类中的甲骨,碑帖拓本,石器、石刻、砖瓦,古籍图书以及书法、绘画 5 个类别。

根据《第一次全国可移动文物普查馆藏文物类别说明》,"甲骨"指记录有价值史料内容的龟甲、兽骨;"碑帖拓本"指历代碑帖拓本;"石器、石刻、砖瓦"指历代以石为主要材质的生产工具、生活用具及其他制品(不包括雕塑造像),如武器、碑碣、墓志、经幢、题刻、画像石、棺椁、法帖原石等,历代城砖、画像砖、墓砖、空心砖、砖雕、影作、板瓦、筒瓦、瓦当等;"古籍图书"指历代写本、印本、稿本、抄本、图书等,民国时期的图书也归入此类;"书法、绘画"指各种书法作品,各种国画、油画、版画、素描、速写、帛画、宗教画、织绣画、连环画、贴画、漫画、剪纸、年画、民间美术平面作品等,包括刻板。

其中本书类别中的"甲骨"部分指重庆地区具有代表性的记录有价值史料内容的龟甲、兽骨;"碑刻拓本"部分包括"石器、石刻、砖瓦"类别中重庆地区出土的具有代表性的以文字为主的文物如碑碣、墓志、题刻等碑刻,以及"碑帖拓本"类别中具有代表性的文物;"古籍善本"则选取了重庆地区"古籍图书"类文物中时代靠前,刻本、印本、抄本、稿本等不同时代不同版本的代表;"书法绘画"部分,除精选传统意义的历代书法绘画作品之外,根据本次可移动文物普查要求,宗教画、年画以及民间美术平面作品等亦归入此类。

截至 2016 年 10 月 31 日,重庆市在全国可移动文物信息登录平台登录甲骨类文物 229 件/套,实际数量 274 件,占普查文物总量的 0.02%;石器、石刻、砖瓦类文物 17634 件/套,实际数量 22925 件,占普查文物总量的 1.55%;碑帖拓本类文物 15950 件/套,实际数量 33392 件,占普查文物总量的 2.25%;古籍图书类文物 55202 件/套,实际数量 657639 件,占普查文物总量的 44.36%;书法、绘画类文物 18829 件/套,实际数量 35357 件,占普查文物总量的 2.38%。故此卷类别下相关文物共计 107844 件/套,实际数量 749587 件,件套数来说约占重庆市可移动文物总量的 22.93%,实际数量上约占重庆市可移动文物总量的 50.56%,这其中尤以古籍图书类为多。

本卷收录文物来源于全市 24 个收藏单位,其中一级文物 134 件,二级文物 261 件,三级文物 15 件(以上皆为实际数量)。

二

以下对四类文物分别略做说明。

(一)甲骨

本卷收录的甲骨类文物仅有 21.4% 为本地区出土,其余皆为传世文物,时代从殷商至南北朝,内容涉及殷商礼制、宗教祭祀、社会生活、方国地理、军事战争、天象气候等方面,具有较高的文物价值和史料价值。

其中重庆中国三峡博物馆所藏甲骨 208 片,甲骨藏品绝大部分为建馆时入藏,包括考古学家卫聚贤捐赠的 10 余片、收藏家罗伯昭捐赠的 16 片以及 1951 年从北京、重庆购入的 177 片等。而这购藏的 177 片中,有 20 片为端方旧藏。

端方的这批甲骨,有一些是清末小说家刘鹗的原藏品,后归罗振玉之子罗福颐,最后为重庆市博物馆(今重庆中国三峡博物馆)购藏。

图录中甲骨部分第5片商代甲骨字片即为该馆藏品。此片可与《怀特》898、《文攭》884缀合。内容为"元示五牛,二示三牛",与"元示五牛,它示三牛"同贞,讲到殷商直系先王上甲元示与二示的神主配置,"二示"与辞位相同、用牲数也相同的"它示"对文。对于商代祭祀制度、先王谱系等有较高的史料研究价值,也启发了一些新的思考。

(二)碑刻拓本

重庆碑刻的时代最早为先秦两汉时期,尤以明、清时期居多,时间下限则为民国三十八年即1949年以前。拓本则多为清代传拓,尤盛于民国。而碑刻拓本当中,石刻碑板多为出土,拓本则多为传世。尤其是本地区出土的石刻碑板,从景云碑到皇宋中兴圣德颂,从西山题刻到白鹤梁,揭示了三峡地区悠久灿烂的历史文化在我国古代文化中的重要地位和作用。

东汉巴郡朐忍令景云石碑,又称"景云碑",是目前三峡地区唯一出土的汉碑,品相极佳,在存世的汉碑中十分罕见。景云碑制作精美,碑侧饰青龙、白虎的浮雕。碑额晕线旁亦有3幅浮雕,左侧为一朱雀,右侧为一兔首人身形象,这"金乌""玉兔"象征着日、夜;正中为一妇人立于半开门后,意思是"盼归"。碑文隶书,共13行367字,四周环以阴刻的流云、飞鸟。从"熹平二年仲春上旬,朐忍令梓潼雍君讳陟字伯曼为景君刊斯铭兮"末款可知,此碑立于东汉(173年)。此碑用数百字反映了三峡地区的政治、地理、移民等史实,具有极大的历史与文化价值。该碑1999年出土于云阳旧县坪,现存于重庆中国三峡博物馆。

(三)古籍善本

重庆地区古籍善本收藏历史悠长,量多质优,主要特色表现在明清古籍善本多、地方志古籍全以及古籍书目文献丰富等3个方面。

古籍善本中宋刻本名公增修标注隋书详节二十卷,是重庆图书馆的镇馆之宝。它是对唐代魏徵所撰《隋书》进行了删节的精读本,是宋代史学家吕祖谦编辑的史学名作。重庆图书馆所藏为南宋刻本,书页每页的左栏上方外侧书耳标小题、卷数、叶数;书中页眉上刻有前人的注释与校勘。书中钤有"沧苇""吴兴刘氏嘉业堂藏""云轮阁""荃孙""艺风堂藏书记"等印。该书为南宋刻巾箱本,开本小,方便科举考生随身携带。该书2008年入选第一批国家珍贵古籍名录。

(四)书法绘画

书法绘画自宋元以降序列收录,流传有序,类型丰富:既有南宋院画小品,又有元代界画扇面,明清以来各流派大家之作皆成系列,还有极具地方特色的梁平年画、清代竹帘画等民间美术代表。大量的本土书画家作品及明清以来本地藏家传世书画展示了巴渝地区自古以来的文化繁荣与文脉流传。

南宋马麟等所作院画小品册是本地区馆藏书法绘画中时代最早的文物之一。此册是南宋时期马麟、林椿等7位宫廷画家的作品,内容为《丁香黄蜂图》《琼花真珠鸡图》《丛花蛱蝶图》《鹌鹑图》《清风摇玉佩图》《绿茵牧马图》《葵花狮猫图》以及《荷塘清暑图》,绢本设色写生,所绘诸景皆各尽其妙。该册著录于清代方濬颐《梦园书画录》。纵观全册,小巧精致,色彩鲜丽,气息高雅,角度细微,构图精巧。对特定气氛、意境和瞬间情态的捕捉,构思的巧密和风格的优美正是南宋院画的主要成就和典型特征。从各帧钤盖的鉴藏印及画后题记中,可见此册页传承有序:成画后入藏南宋内府,于宁宗癸酉年(1213年)由杨皇后赠予其兄杨次山;后由杨氏家族流传出,为明代项子京、项笃寿兄弟先后收藏;至明末清初为陆启浤所有,之后历经姚元之、周寿昌、方濬颐收藏;清末民国初为蜀中收藏家唐鸿昌、唐百川兄弟以及王缵绪递藏;1951年由王缵绪捐赠给西南博物院(今重庆中国三峡博物馆前身)。

元代无款仙山楼阁图团扇面是一幅工笔重彩金碧山水的界画。此图无款,有跋等32则,与图合装为一册。首页有清代胡升猷题"赤城霞灿"行书四字。封面为王澍(1668—1743年,康熙五十一年进士)楷书"天台山图"四字。画面小巧精细。楼阁占去大部分画面,祥云缭绕,青山叠翠,上有仙人乘鹤,下有群仙云集,在如此小的画面上绘有人物百余。人物身高不足7毫米,头部仅有芝麻大小,而眉目清晰可见,衣裙飘逸生动。眉目之笔画细于发丝。屋瓦全用金线描,山石亦有金线勾勒。楼阁之窗棂,台基之雕饰,亭榭之栏杆,苍松之针叶,笔笔精细。傅熹年先生曾云,如此精细的古代小幅绘画作品,国内仅此一件。

明代王宠行书白雀帖卷是书法史上著名的法书名帖,全卷长达739厘米,宽32厘米。通观全篇,姿态溢出,婉丽遒逸,又以拙取巧,天真烂漫。用笔方面,可见二王笔法,纵横得宜,间架和谐,极富韵律感。王宠,号雅宜山人,明代书坛的代表性人物之一,是文徵明的弟子,与文徵明、祝允明并称"吴中三家",人称文徵明之后"当以王雅宜为第一"。王宠的"长篇大作"国内仅此一件。卷后有明代著名学者、书法家王世贞、周天球的题跋,与王宠书法相映生辉。书法之外,我们还能欣赏到王宠诗作的"高古"之美。此卷讲述王宠养病于白雀寺,访友人王元肃于虞山不遇而返,元肃归家后乘舟追及之,王宠遂作此歌为赠。

巴渝大地自古以来人杰地灵,文脉绵延。本土知名书画家如龚有融、竹禅的作品和独具地方特色的工艺品如梁平竹帘画、年画等,成为全市馆藏文物一大亮色。

龚有融(1755—1830年),字晴皋,号绥樵,别署绥山樵子,晚号拙老人,重庆巴县人。他是重庆历史上最著名的书画家。他以诗、书、画名于世,以至于在川渝民间有"家无晴皋画,必是俗人家"之说。《巴县志》称他为"县三百年来极高逸文艺之誉者"。嘉庆十七年(1812年),龚有融任山西崞县(今原平县)知县,因得罪了上司,调山西石楼县知县,不就,以老病辞,回到家乡——巴县的华岩寺一带,以诗书自娱。重庆市巴南区文物保护管理所(巴南区文化遗产保护中心)所藏龚有融草书轴用笔豪放,奇气纵横,是龚有融书法的代表佳作。而重庆中国三峡博物馆所藏龚有融写生小品图轴描绘重庆江岸屋舍景致,水墨写意,以淡墨湿笔渲染远山近水,浓墨中锋勾勒近处房屋、竹林、杂树、扁舟,营造江岸水汽氤氲、云雾弥漫之感。它是古渝州临江人家的实景写生,但觉恬淡宁静,饶有生趣,是作者晚年退居家乡的写意之作。

竹禅是重庆历史上又一位著名画家。竹禅(1824—1900年),法名熹,又号主善、六八门人、王子出家等。他是重庆梁平双桂堂第十代方丈,绘水墨人物竹石别有一派。《海上画语》评其"书画一笔不入俗"。梁平双桂堂所藏清代破山草书、竹禅人物图合装册,将竹禅之师同时也是佛门巨匠、诗人、书法家破山海明的草书与竹禅的人物画、书法融于一册。人物画是竹禅绘画之中格调最高的类别,墨汁淋漓,线条奔放,造型生动。此册人物堪称竹禅代表之作。

梁平竹帘画是国家级非物质文化遗产,与苏州缂丝画、杭州丝织画、永春纸织画并称中国四大家织。梁平竹帘画始于清代,"细如毫发密如丝"。至光绪年间发展出油漆彩绘的画帘,从方炳南到黄胄、苏葆桢,屡有大家于竹帘上挥毫泼墨。梁平文物管理所收藏的清代花鸟图竹帘画,是现存最早的竹帘画之一。

本地区收藏家中的翘楚首推王缵绪。王缵绪(1885—1960年)是重庆巴蜀中学的创建人、抗日名将。他数次从政,热心教育,喜好书法、诗词和收藏。齐白石山水巅峰之作《四季山水图屏》即出自王氏收藏。这套大尺幅山水作品被誉为齐白石山水中的最佳者。此屏见证了齐、王二人的交往,也记录了白石老人的重庆情缘。1951年,王缵绪将包括南宋院画小品册在内的毕生所藏珍贵文物尽数捐赠给当时的西南博物院(重庆中国三峡博物馆前身)。在他捐赠的文物中,仅国家一级文物就有46件/套,珍贵文物更是多达428件/套。

三

抗战时期,重庆是战时首都,成为中国抗战大后方的政治、经济、金融、文化中心,机关、企业、大学、科研机构和大量人口迁入重庆。伴随着故宫、中央研究院等文物收藏机构的西迁,民间文物也大量流入重庆。抗战胜利后,一部分民间文物留存下来,以后又陆续进入文物收藏机构。书画、碑帖这类便于携带的文物,在抗战西迁文物中占了相当的数量。

清代强国忠的《山水图册》就是这样一件西迁而来的文物。强国忠曾与王原祁及孙岳颁同侍内廷,共同讲论书画,自言"二十年来书惭茂苑,画愧娄东"。《山水图册》受"四王"山水的影响,笔墨谨守法度,景致繁密郁茂,同时又受到西洋绘画的影响,讲究透视效果跟光影的运用,屋宇楼阁规整。此册被收录入《石渠宝笈》初编卷四十一。钤"乾隆御览之宝""御书房鉴藏宝""石渠宝笈""嘉庆御览之宝"等清内府鉴藏印记。由收藏印可考此册大约在慈禧时期由内府流出,先后经清代著名书画鉴藏家孙毓汶及其子孙椊、收藏家王绍延、近代藏书家刘之泗收藏。据史料记载,刘之泗于1937年为日军侵扰惊惧而亡。他去世之后,其藏品流落四方。1954年该图册由重庆市妇联移交西南博物院(今重庆中国三峡博物馆),是一件典型的抗战时期流入重庆的文物。

此外还有清代钱维城的《九秋图卷》。图绘秋花九种,临风带露,鲜妍娇娆,形态逼真,九种花卉,似分株独立,又互相顾盼有情,气联意合,整体协调,是钱维城花卉作品的巅峰之作。每枝花卉旁皆配有乾隆御题诗,诗、书、画一体,珠联璧合。此卷钤有24方清宫收藏鉴赏图章,3次被收录入《石渠宝笈》。现保存完好,玉别子上刻有描金字"乾隆御赏之宝",仍为清宫原装原裱,实为不可多得。该卷原为清宫内府藏品,1931年"九一八"事变后被溥仪带到东北,之后又辗转流落到西南。民国二十三年(1934年)出版《故宫已佚书籍书画目录四种》中有著录。此件为原西南博物院(今重庆中国三峡博物馆)1954年自重庆市民徐志川处购得。

名称:**甲骨**

时代:商

尺寸:高 5.9 厘米,宽 3.6 厘米

普查类别:甲骨

收藏单位:西南大学

名称:**甲骨**

时代:商

尺寸:高 3.5 厘米,宽 1.7 厘米

普查类别:甲骨

收藏单位:西南大学

名称:**甲骨**

时代:商

尺寸:高 3.9 厘米,宽 1.7 厘米

普查类别:甲骨

收藏单位:西南大学

名称:**甲骨**

时代:商

尺寸:高 4 厘米,宽 2.5 厘米

普查类别:甲骨

收藏单位:西南大学

名称:**甲骨**

时代:商

尺寸:残高 6.8 厘米

普查类别:甲骨

收藏单位:重庆中国三峡博物馆

名称:**甲骨**

时代:商

尺寸:残高 19.5 厘米

普查类别:甲骨

收藏单位:重庆中国三峡博物馆

名称:**甲骨**

时代:商

尺寸:残高6厘米

普查类别:甲骨

收藏单位:重庆中国三峡博物馆

名称:**甲骨**

时代:商

尺寸:残高7厘米

普查类别:甲骨

收藏单位:重庆中国三峡博物馆

名称:**甲骨**

时代:商

尺寸:残高 20 厘米

普查类别:甲骨

收藏单位:重庆中国三峡博物馆

名称:**甲骨**

时代:商

尺寸:通高 25 厘米

普查类别:甲骨

收藏单位:重庆中国三峡博物馆

名称:**甲骨**

时代:商

尺寸:残高 15.5 厘米

普查类别:甲骨

收藏单位:重庆中国三峡博物馆

名称:**甲骨**

时代:商

尺寸:残高 2.6 厘米

普查类别:甲骨

收藏单位:重庆中国三峡博物馆

碑刻
拓本

名称：**巴郡朐忍令景云石碑**

时代：东汉

尺寸：高 239 厘米，宽 93 厘米，厚 21 厘米

普查类别：石器、石刻、砖瓦

收藏单位：重庆中国三峡博物馆

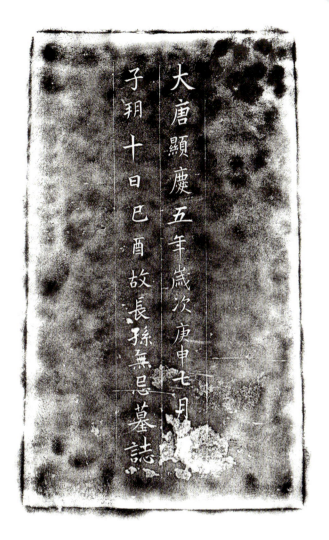

名称:**长孙无忌墓志**

时代:唐

尺寸:高 56 厘米,宽 89 厘米,厚 12.5 厘米

普查类别:石器、石刻、砖瓦

收藏单位:重庆市彭水苗族土家族自治县文物管理所

名称:**苏轼洋州园池诗碑**

时代:北宋

尺寸:高 66 厘米,宽 58 厘米

普查类别:石器、石刻、砖瓦

收藏单位:重庆中国三峡博物馆

名称:**清拓宋洋州园池诗碑拓本**

时代:清

尺寸:高 118 厘米,宽 63.3 厘米

普查类别:碑帖拓本

收藏单位:重庆中国三峡博物馆

名称:**皇宋中兴圣德颂摩崖石刻**

时代:*南宋*

尺寸:*高 410 厘米,宽 720 厘米*

普查类别:*石器、石刻、砖瓦*

收藏单位:*重庆中国三峡博物馆*

名称:"玄宫之碑"石碑

时代:元

尺寸:高144.4厘米,宽57厘米

普查类别:石器、石刻、砖瓦

收藏单位:重庆中国三峡博物馆

名称:**石买地券**

时代:元

尺寸:高 31.2 厘米,宽 24.4 厘米,厚 2.7 厘米

普查类别:石器、石刻、砖瓦

收藏单位:重庆市合川区文物管理所

名称:**明拓唐麓山寺碑拓本**

时代:明

尺寸:高 250 厘米,宽 110 厘米

普查类别:碑帖拓本

收藏单位:重庆中国三峡博物馆

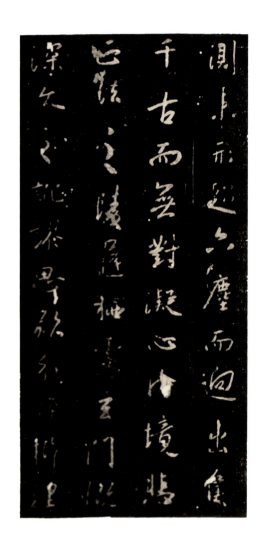

名称:**明拓唐怀仁集王羲之书三藏圣教序拓本册**(一函26开)

时代:明

尺寸:高33.8厘米,宽18.8厘米

普查类别:碑帖拓本

收藏单位:重庆中国三峡博物馆

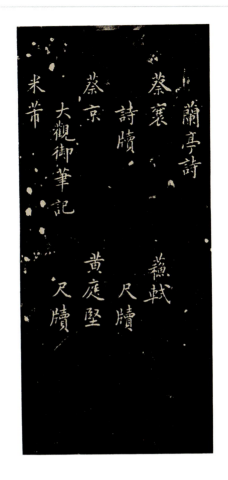

渤海藏真帖目

鍾紹京　靈飛經

褚遂良　千字文　蘭亭

陸東之

蘭亭詩

蔡襄　　　蘇軾

　詩牘　　　尺牘

蔡京　　　黃庭堅

大觀御筆記　　尺牘

米芾

琼宫五帝内思上法
常以正月二月甲乙之日平旦沐浴斋戒入
室东向叩齿九通平坐思东方东极
帝君讳云拘字上伯衣服如法乘青云飞舆
从青要玉女十二人下降斋室之内手执通
灵青精玉符授与地身地便脉符一枚微祝

日
青上帝君讳嘘诗云拘锦帔青帬邀迎洛无上
昊常阳洛景九崎下降我室授我玉符通灵
致真五帝齐辊三灵翼景太玄扶舆乘龙驾
云何虑何忧逍遥太极与天同休平咽炁九
咽止

名称:明拓唐灵飞经册页拓本册(一函92开)

时代:明

尺寸:高31厘米,宽16.5厘米

普查类别:碑帖拓本

收藏单位:重庆中国三峡博物馆

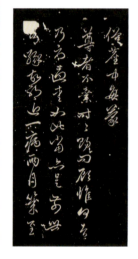

名称:**明拓宋元名人书拓本册**(一函 90 开)

时代:明

尺寸:高 33 厘米,宽 18 厘米

普查类别:碑帖拓本

收藏单位:重庆中国三峡博物馆

名称:**明拓宋潘师旦绛帖拓本册**(一函 11 开)

时代:明

尺寸:高 34 厘米,宽 20.5 厘米

普查类别:碑帖拓本

收藏单位:重庆中国三峡博物馆

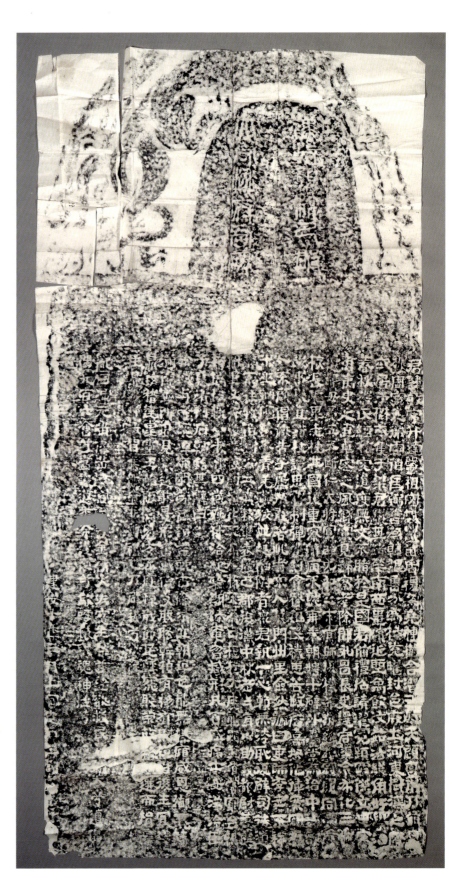

名称:**清拓汉樊敏碑拓本**

时代:清

尺寸:高 233 厘米,宽 115 厘米

普查类别:碑帖拓本

收藏单位:重庆中国三峡博物馆

名称:**清拓东汉建安六年吹角坝刻石拓片**

时代:清

尺寸:高 48 厘米,宽 53 厘米

普查类别:碑帖拓本

收藏单位:重庆图书馆

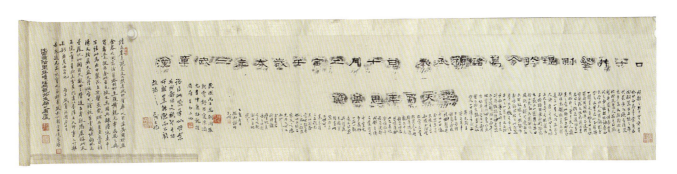

名称:**清拓蜀汉井圈横披拓本**

时代:清

尺寸:高 33.5 厘米,宽 165 厘米

普查类别:碑帖拓本

收藏单位:重庆中国三峡博物馆

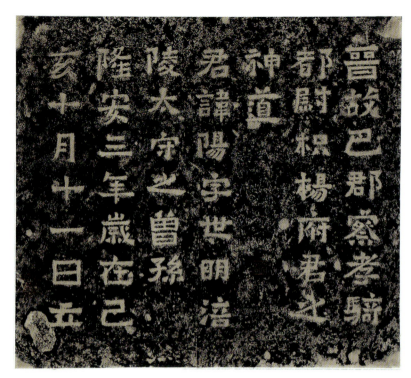

名称:**清拓东晋枳杨府君碑**

时代:清

尺寸:高 41 厘米,宽 36 厘米

普查类别:碑帖拓本

收藏单位:重庆中国三峡博物馆

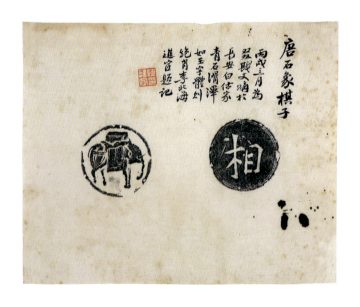

名称:**清拓唐石象棋子拓本**

时代:清

尺寸:高 20 厘米,宽 16 厘米

普查类别:碑帖拓本

收藏单位:重庆中国三峡博物馆

名称:清拓唐乾宁二年大足北山韦君靖碑拓片

时代:清

尺寸:高 278 厘米,宽 133 厘米

普查类别:碑帖拓本

收藏单位:重庆中国三峡博物馆

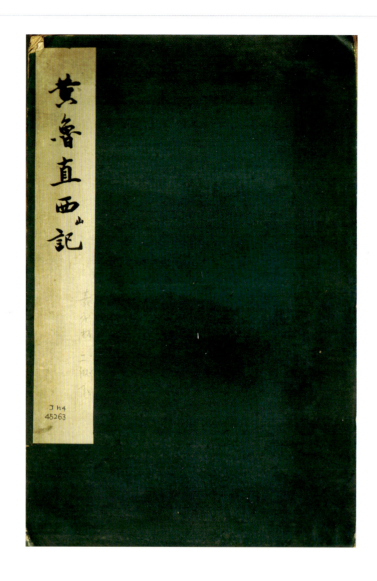

名称:**清拓北宋黄庭坚西山记**
拓本册(一函 14 开)

时代:清

尺寸:高 39.5 厘米,宽 26 厘米

普查类别:碑帖拓本

收藏单位:重庆中国三峡博物馆

名称:**清拓张献忠圣谕碑拓本**

时代:清

尺寸:高203厘米,宽105厘米

普查类别:碑帖拓本

收藏单位:重庆中国三峡博物馆

古籍善本

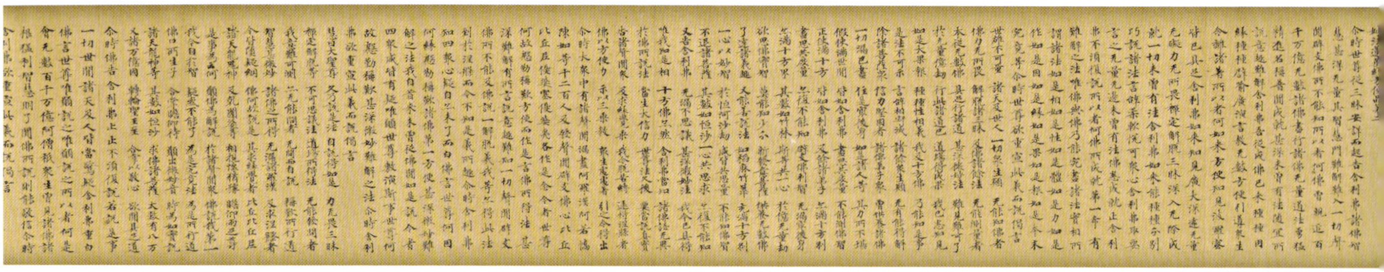

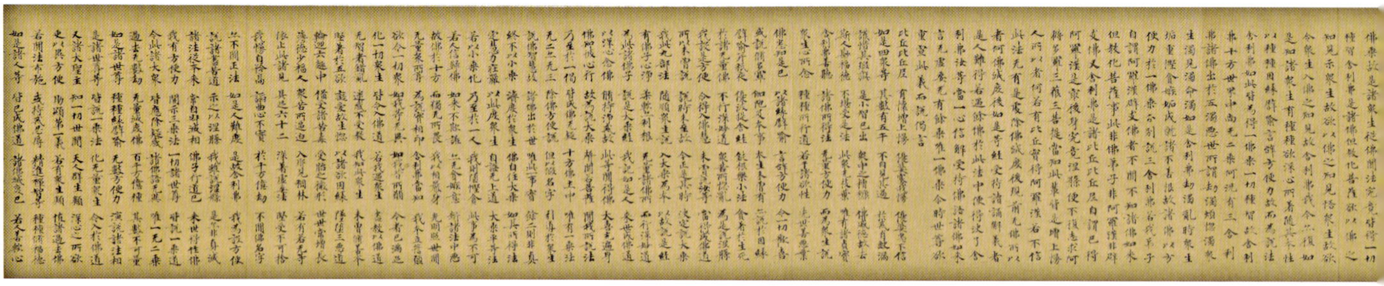

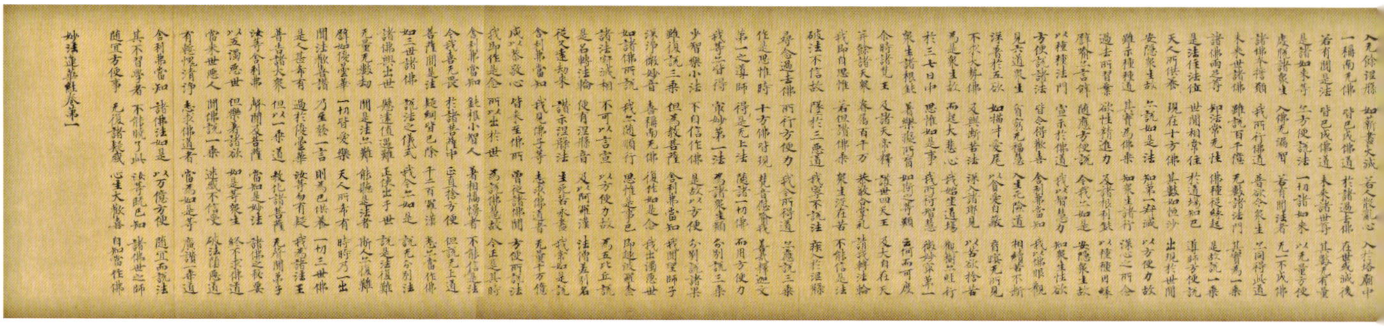

名称：**妙法莲华经写经残卷**

时代：唐

尺寸：高 23.5 厘米，宽 573 厘米

普查类别：古籍图书

收藏单位：重庆中国三峡博物馆

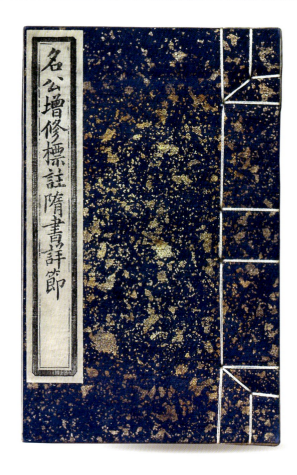

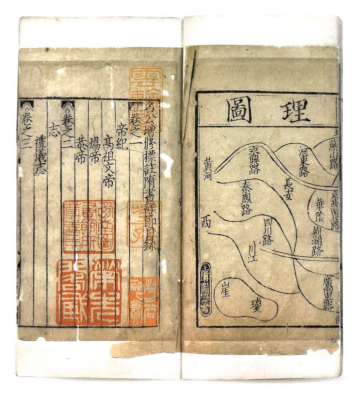

名称:**宋刻本名公增修标注隋书详节二十卷**

时代:宋

尺寸:高 16.6 厘米,宽 10.5 厘米

普查类别:古籍图书

收藏单位:重庆图书馆

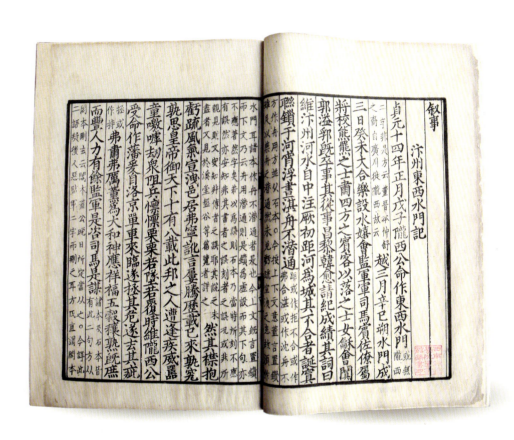

名称:福建莆田郡学刻本文章正宗二十四卷

时代:南宋

尺寸:高 32.1 厘米,宽 21 厘米

普查类别:古籍图书

收藏单位:西南大学

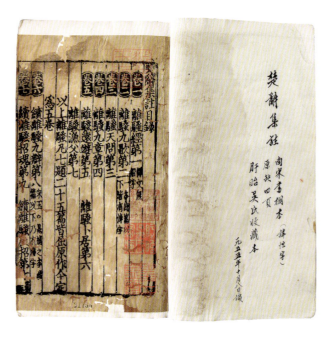

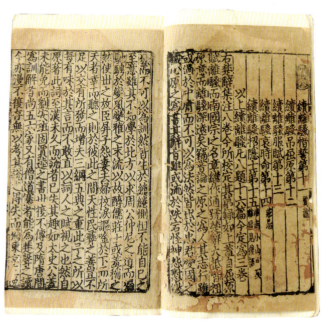

名称:**元刻本楚辞集注八**

时代:元

尺寸:高 25.2 厘米,宽 15.3 厘米

普查类别:古籍图书

收藏单位:西南大学

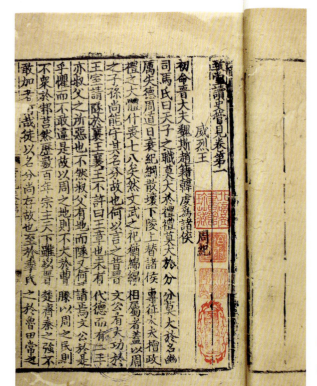

名称: **宋刻元明递修本致堂读史管见三十卷**

时代:明

尺寸:高 20.5 厘米,宽 14.3 厘米

普查类别:古籍图书

收藏单位:重庆市北碚区图书馆

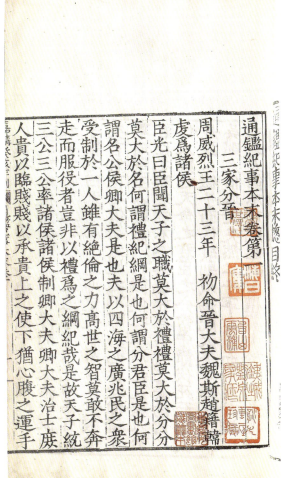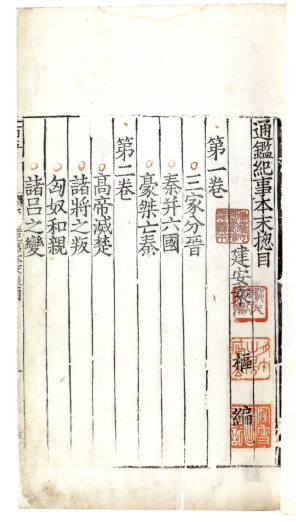

通鑑紀事本末卷第一

三家分晉

虞為諸侯

周威烈王二十三年　初命晉大夫魏斯趙籍韓虔

臣光曰臣聞天子之職莫大於禮禮莫大於分分
莫大於名何謂禮紀綱是也何謂分君臣是也何
謂名公侯卿大夫是也夫以四海之廣兆民之眾
受制於一人雖有絕倫之力高世之智莫敢不奔
走而服役者豈非以禮為之綱紀哉是故天子統
三公三公率諸侯諸侯制卿大夫卿大夫治士庶
人貴以臨賤賤以承貴上之使下猶心腹之運手

通鑑紀事本末總目終

名称:**宋赵兴踌刻元明递修本通鉴纪事本末四十二卷**

时代:明

尺寸:高 27.7 厘米,宽 15.3 厘米

普查类别:古籍图书

收藏单位:重庆图书馆

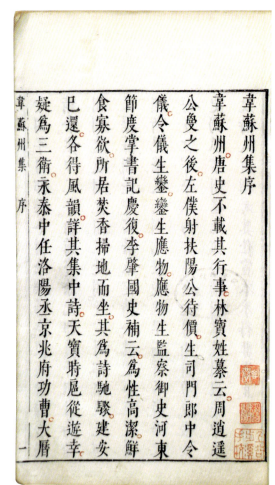

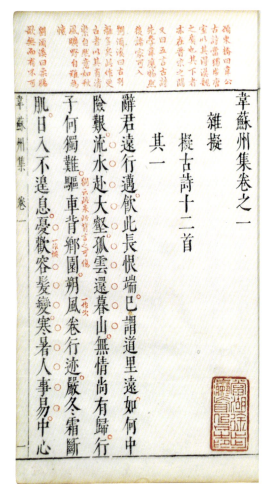

名称:朱墨套印本韦苏州集十卷拾遗一卷

时代:明

尺寸:高 27.4 厘米,宽 17.9 厘米

普查类别:古籍图书

收藏单位:西南政法大学

名称: **司礼监刻本五经大全一百二十一卷**

时代: 明

尺寸: 高 27 厘米, 宽 18 厘米

普查类别: 古籍图书

收藏单位: 重庆市北碚区图书馆

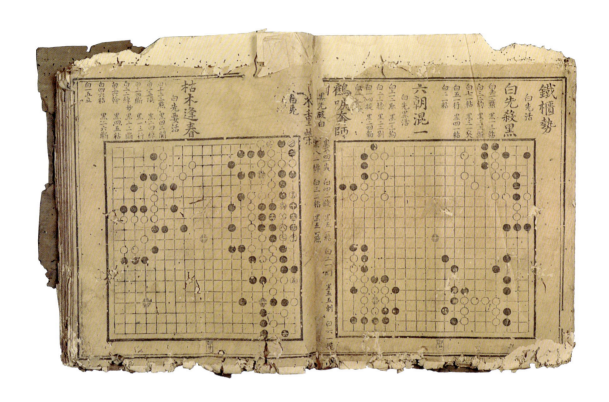

名称:**坐隐斋先生自订棋谱全编**

时代:明

尺寸:高27厘米,宽35厘米,高1.3厘米

普查类别:古籍图书

收藏单位:重庆市巴南区文物保护管理所(巴南区文化遗产保护中心)

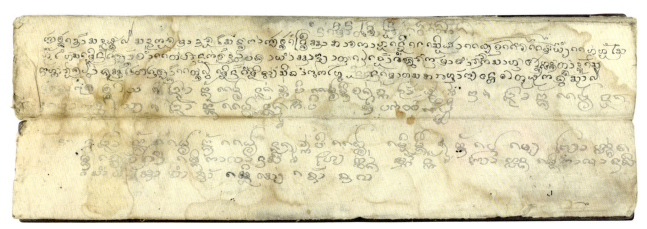

名称:**抄本尖达塔度三卷**

时代:清

尺寸:高 55.7 厘米,宽 178.5 厘米

普查类别:古籍图书

收藏单位:重庆市黔江区图书馆

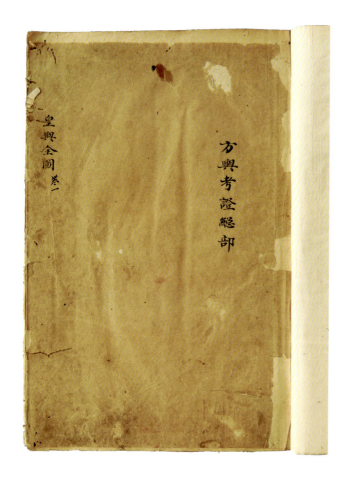

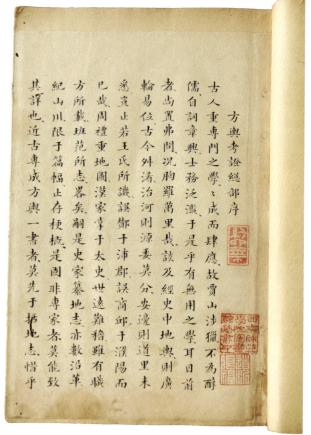

方輿考證總部序

古人重專門之學以成而肆應故賣山涉獵不為醇
儒自詞章興士務泛濫于是乎有無用之學耳目前
者尚置弗問況胸羅萬里哉談及經史中地輿則廣
輪易位古今外済治河則源委英分安邊則道里未
悉宣止若王氏所譏誤鄭于沛郡誤商邱于濮陽而
巳哉周禮重地圖漢家掌于太史世遠難稽雖有職
方所載班范所志畧矣嗣是史家纂地志亦數沿革
紀山川限于篇幅止存梗概是固非專家者英能致
其詳也近古專成方輿一書者莫先于括地志惜乎

名称:**稿本方輿考证一百卷卷首一卷**

时代:清

尺寸:高 27.7 厘米,宽 20.2 厘米

普查类别:古籍图书

收藏单位:西南大学

九天應元雷聲普化天尊玉樞寶經
淨心口呪
丹朱口神　吐穢除氛　舌神正輪
通命養神　羅千齒神　卻邪衛真
喉神虎賁　沖炁引津　心神丹元
令我通真　思神鍊液　正炁長存

急急如律令
衛身神呪
靈寶天尊　安慰身形　弟子魂魄
五藏玄冥　青龍白虎　隊仗紛紜
朱雀玄武　侍衛身形
急急如律令

洞中玄虛　晃朗太元　八方威神
使我自然　靈寶符命　普告九天
乾羅怛那　洞罡太玄　斬妖縛邪
殺鬼萬千　中山神呪　元始玉文
誦之一遍　卻鬼延年　按行五嶽
八海知聞　魔王束音　侍衛我軒

函穢消蕩　道炁常存
開經玄蘊呪　急急如律令
天皇天皇　普化十方　無禱不應
無求不祥　釀陽臨陰　萬古垂光
順吾之者　逆吾者亡　玉文寶篆
誦之吉昌　司命守護　不得隱藏

急急如
九天普化玉清真王律令
開經偈
神霄雷祖帝　九天普化君
談道跌九鳳　持法騎麒麟
統攝聖嶽將　掌令判雷霆

九天應元雷聲普化天尊玉樞寶經
爾時九天應元雷聲普化天尊在玉清天
中與十方諸天帝君會於玉虛九光之殿
鸞蕭彌羅之舘紫極曲密之房闢太幽碧
三辛達初六　察人善惡情
消災并度厄　稱名誦寶經

天尊踊坐九鳳丹霞之扆手舉金光明之
如意琅風清微綺雲郁靄
天尊寂然良久
天尊言吾昔於千五百劫以先心縫此道
遂位上真意釀此功遂權大化嘗於大羅
元始天尊前以清淨心發廣大顧顧於未

來世一切眾生天龍鬼神一稱吾名悉使
超淪如所否者吾當以身身之爾等洗心
為爾宣說
天尊言諸天人欲聞至道至道深窈不
在其他爾既欲聞者是無間有見即
是真道聞見亦泯惟爾而已爾尚非有何

況於道不聞而聞何道可談
天尊言道者以誠而入以黙而守以柔而
用用誠似愚用黙似訥用柔似拙夫如是
則可與忘形可與忘敓可與忘忘入道者
知止守道者知微能知微則
慧光生能知謹則聖智全能知止則泰定

安泰定安則聖智全聖智全則慧光生慧
光生則與道為一是名真忘其忘而不
忘忘無可忘者即是至道道在天
地天地不知有情無情惟一無二
天尊言吾今於世何以利生為諸天人演
此妙實得悟之者俾蹲儜咋學道之士信

有氣數夫風土不同則稟氣自異故謂之
氣智愚不同則清濁自囿天命而梏不得
乎命氣夫氣數平氣數而囿天命而梏不得
真道愚可以智濁可以清惟存之移之
嘗濁冥冥亦風土稟受之移之天地神其
機使人不知則曰自然使知其不知則亦

念言
曰自然自然之妙雖妙於知而所以妙則
自乎不知然於知道則未始有以愚之濁之
諸天聞已四眾咸悦
天尊言吾今所說即是玉樞寶經若未來
世有諸眾生得聞吾名但實心黙想作是

名称:**王豸小楷《玉枢北斗常清静经》册**

时代:清

尺寸:高 26.5 厘米,宽 11.2 厘米

普查类别:古籍图书

收藏单位:重庆图书馆

书法
绘画

名称: **佚名十五阿氏多尊者像轴**

时代:宋

尺寸:高 111.4 厘米,宽 50.5 厘米

普查类别:书法、绘画

收藏单位:重庆中国三峡博物馆

第十五尊者頌

聞闍最先事佛亦久毫然眾中

是亦長老薪水井臼老矣不能

摧伏魔軍不戰而勝

貫休應夢羅漢畫歌

西嶽高僧名貫休孤情峭拔凌清秋天教水墨畫羅漢魁岸

古容生筆頭時捎大絹泥高壁閉目焚香坐禪室忽然夢裡

見真儀脫下袈裟點神華高摧節腕當日怪石安排嵌枯根真

逸迪便是兩三軀不侶畫工虛費日怪石安排嵌枯根真

僧列坐連跏趺形如瘦鶴神健頂似伏犀頭骨粗倚松根真

傍巖縫曲錄骨長身欲動看經弟子擬聞葬瞌睡山童起有

夢不知是臘幾多年一手揩頤偏袒肩口開或若人共語身

定復起初坐禪業前卧象低垂鼻崖畔戲猿斜蝴臂芭蕉花

公逸藝無人加聲譽喧喧遠海涯五七字句一千首大小羲

書三十家唐朝應二多名士萧子雲羲吳道子若將書畫比

休公只恐當時浪生死休公徒自江南來入秦於今到

蜀無交親詩名畫手皆奇絕觀爾凡人爭是人瓦官寺裡維

摩詰舍衛城中辭支佛若將此畫比量看摭在人間為第一

貫休畫阿羅漢圖真屬希世之珍東坡先生所謂每設

茶供則化為白乳或凝為花卉者也丁未三月望讀其贊

神余書坡公頌并廬人詩於其上崑山朱彥章

名称:**马麟等院画小品册**

时代:南宋

尺寸:高14厘米,宽22厘米

普查类别:书法、绘画

收藏单位:重庆中国三峡博物馆

翩翩眾禽下翡翠自成雙
亦愛水芝豔將飛勢轉降
同治丁卯仲冬月廿二日
夢園方濬頤題

野花渾不識旖旎若丁香
蜜官分道至云采蜂衙糧

林椿錢唐人工畫草蟲花鳥翎毛
深得造化之妙熙中畫院待詔

茹荣芳正濃貍奴此嬉戲
號曰玉狻猊賠清產尤異

葵花獅猫

鼠化押駕變真理難窮究
心思避鼎俎草間先學鬥
蛙

不是漢皋女將毋洛浦妃
山膚遮綠霧樓閣認依稀

清風搖玉珮

款字□府小華玉字顏叫詩是李容下
古今似是蔡之筆崇宗館馬平畫沉緒
此嘗見畫蹟元之記

瓊花真珠鷄

休誇聚八仙底用圖十玩
功曹侍玉真錦帶風前爍

名称:**无款仙山楼阁图团扇面**

时代:元

尺寸:高 27.5 厘米,宽 26.4 厘米

普查类别:书法、绘画

收藏单位:重庆中国三峡博物馆

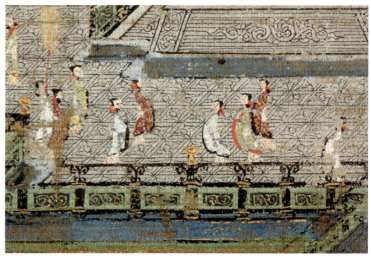

名称:**王绂枯木竹石图轴**

时代:明

尺寸:高 90.5 厘米,宽 31 厘米

普查类别:书法、绘画

收藏单位:重庆中国三峡博物馆

名称：**夏昶清风高节图轴**

时代：明

尺寸：高 158 厘米，宽 81 厘米

普查类别：书法、绘画

收藏单位：重庆中国三峡博物馆

名称:**张复山涧古藤图轴**

时代:明

尺寸:高207厘米,宽93厘米

普查类别:书法、绘画

收藏单位:重庆中国三峡博物馆

名称:**戴进仿米云山图轴**

时代:明

尺寸:高 137 厘米,宽 75.8 厘米

普查类别:书法、绘画

收藏单位:重庆中国三峡博物馆

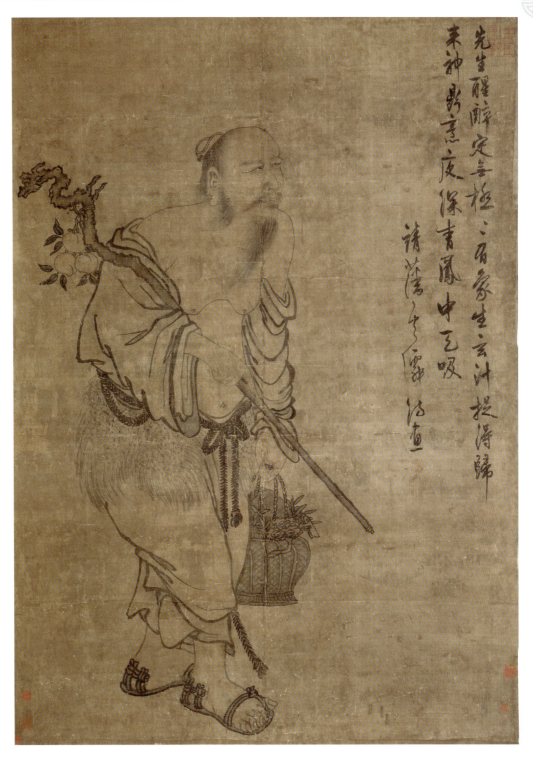

名称:**朱约佶采药仙人图轴**

时代:明

尺寸:高 136.8 厘米,宽 97.6 厘米

普查类别:书法、绘画

收藏单位:重庆中国三峡博物馆

名称:无款千里江山图卷

时代:明

尺寸:高 31.8 厘米, 宽 896 厘米

普查类别:书法、绘画

收藏单位:重庆中国三峡博物馆

名称:**林良鱼鸟清缘图轴**

时代:明

尺寸:高 123 厘米,宽 72 厘米

普查类别:书法、绘画

收藏单位:重庆中国三峡博物馆

名称:**杨忠桃源图轴**

时代:明

尺寸:高 172 厘米,宽 105.5 厘米

普查类别:书法、绘画

收藏单位:重庆中国三峡博物馆

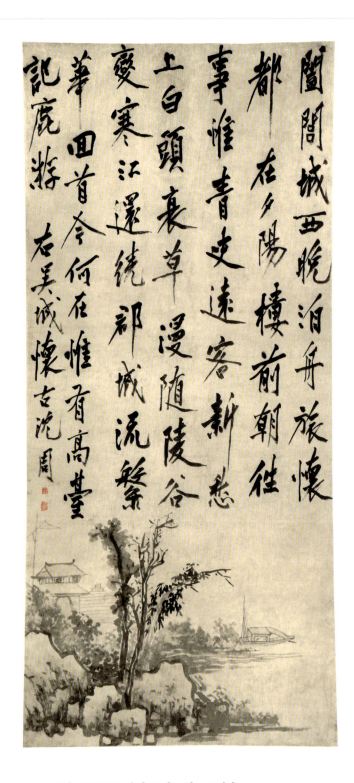

名称:**沈周吴城怀古诗画轴**

时代:明

尺寸:高 172 厘米,宽 96 厘米

普查类别:书法、绘画

收藏单位:重庆中国三峡博物馆

不見東滇不知水之大不過亞山不知
雲之深故謂之觀於海者難為水除
郤亞山不是雲夫天地生萬物品類各
得其所自然遺紀之散尔若人物品類備
短不一妍醜有殊貴賤得矣吾觀之
有初也又豈可以人力公巧而强之古之英雄
豪隙佳人才子屈沈於下而强者看而不
知其為何又若忠臣列士為國為民者遇於
好臣賊子以餡不得伸其忠肝義膽者又
不知其為何夫抵亦數之使然尔何況區
王之往石如金之渾沉馬不遇鄴陽玉不
得不和而終埋沒也惜哉有清風明
月之除銘楣金晋之前乃可以鴨具懷
抱歌其賢之氣歌演宴商的斟音律
而不知天之將播沉之將蘭韞其若蠖珠
閒古之云令肯制抱鎮和鼓鋦恐相逢
是夢中乃其然也今為史某賣之歸
終於故里不亦旦乎為撰其賣賦之以
詞寫其江湖寓适之意生為祀員庶目
云時
正德二年歲在沛九月望狐道人書子
揚之大鐵百氏之寓也
念七作商颜雷菊萬十首
聽歌苦雨浴湖人在天涯無限熱炸人傳遼思前楊
全殊年畫此菑郡剔福吉桑河音傍德漁流玉人見何
耆也恨到有健何日乃苕時歌
田岸新鞜鐵緣更大妈事蘿風綠泚馳南地芳棠浑
惆悵披雨羌水是淵

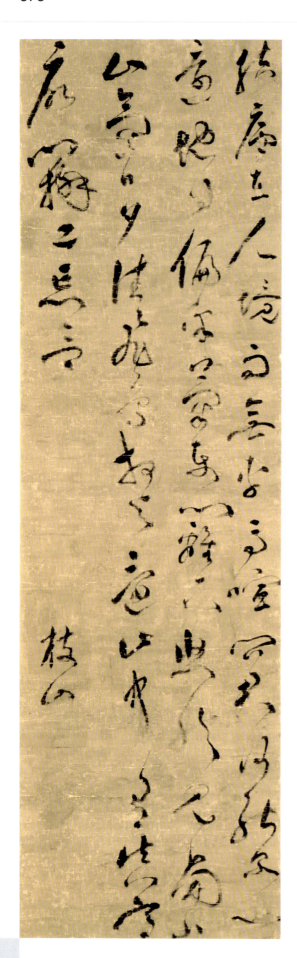

名称：**祝枝山草书五言诗轴**

时代：明

尺寸：高 127 厘米，宽 38.5 厘米

普查类别：书法、绘画

收藏单位：重庆市万州区博物馆（文物管理所）

名称:**文徵明仿倪瓒山水图卷**

时代:明

尺寸:高25厘米,宽499厘米

普查类别:书法、绘画

收藏单位:重庆中国三峡博物馆

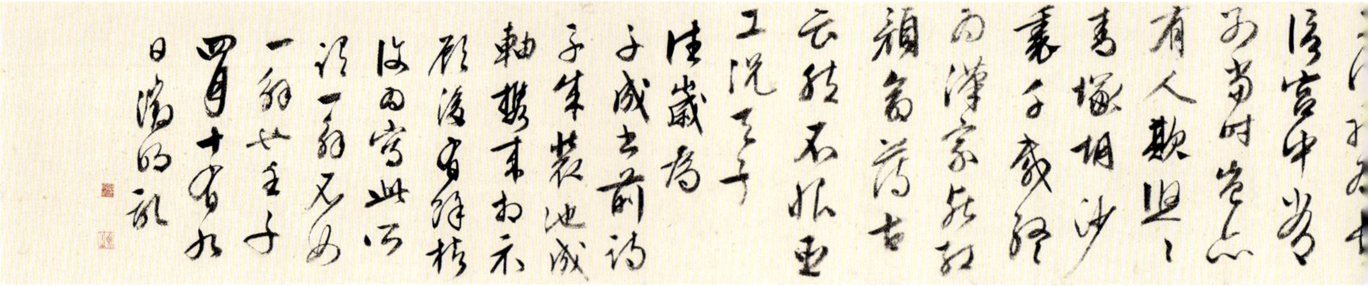

名称: **文徵明行书明妃曲卷**

时代:明

尺寸:高 32 厘米,宽 331.2 厘米

普查类别:书法、绘画

收藏单位:重庆图书馆

明妃曲

汉运逼议和亲
佳人矢绝域
明妃随使行
毡帐猗庵城
一朝诗违乡
王子妃信陈
宫来尝诙尚
日丹寿六等
阖令二不得
贡金力匹缘
平日依气衣
飞新泛奇
祯色石色衣
爱惜多逃
来玉私夫王
刑号思灵
存完接玉王
戟延寿佳

名称:**唐寅临韩熙载夜宴图卷**

时代:明

尺寸:高 31 厘米,宽 548 厘米

普查类别:书法、绘画

收藏单位:重庆中国三峡博物馆

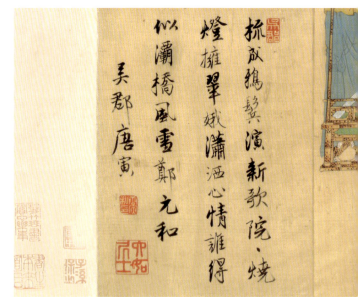

抓成鸦髻演新歌院、燒
燈擁翠娥瀟洒心情誰得
似瀟橋風雪鄭元和
吳郡唐寅

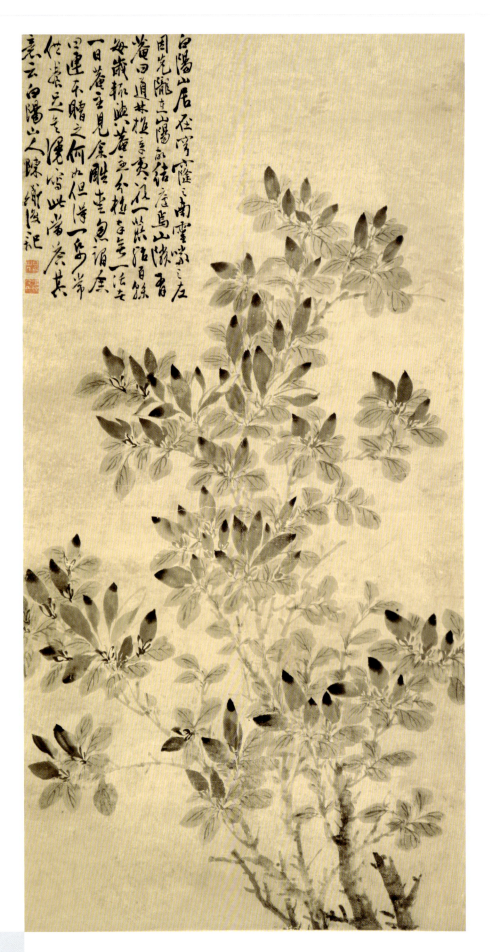

名称：**陈淳辛夷花图轴**

时代：明

尺寸：高114厘米，宽58.4厘米

普查类别：书法、绘画

收藏单位：重庆中国三峡博物馆

名称:**谢时臣黄鹤楼图轴**

时代:明

尺寸:高 205.2 厘米,宽 93.3 厘米

普查类别:书法、绘画

收藏单位:重庆中国三峡博物馆

龍楼房雨清秋闲日青
危窗宛朵不揽寒雨青
玉不璀燦
蕩壤挥
森可鋹
摩白僧
寿山雨
振森事
独辞劳
偶差
禅事
谓诗意
翻之身
在尘中
一枕不知
眠不知凋
一枕七
饭石上
及孝年
共閤泡
道意篇
請致過
談立快
與甫共

山楼窗夜篇高望千岩入混茫鱼诗二係逶太極同耒一燕接神
先身都当亮達連偶先事更將星境藏只尺室宿帰六门
而挤方老白雪鄉
折汲千鑑玉上頓窟高下見白雲净
珠泉六粉晴糖而血洞长陵友云秋削
壁一门通碧石摩寿峰
子之列丹止汪然便有氣風言偉蘇渐莊未易求
萬曆庚辰冬日多病於秋安 太冲館 周之冊

名称:**周天球行书诗轴**

时代:明

尺寸:高94.4厘米,宽26.9厘米

普查类别:书法、绘画

收藏单位:重庆中国三峡博物馆

名称:**王宠行书白雀帖卷**

时代:明

尺寸:高 33 厘米,宽 739 厘米

普查类别:书法、绘画

收藏单位:重庆中国三峡博物馆

名称:**宋旭桃源图卷**

时代:明

尺寸:高 26.3 厘米,宽 385.2 厘米

普查类别:书法、绘画

收藏单位:重庆中国三峡博物馆

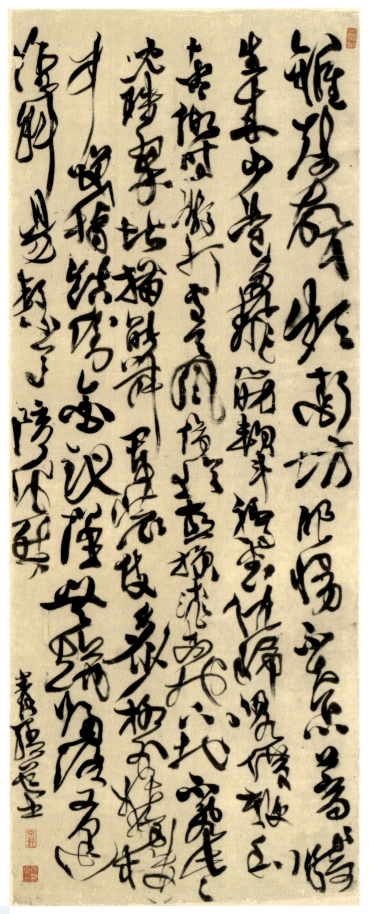

名称：**徐渭草书自度曲轴**

时代：明

尺寸：高 125.5 厘米，宽 51.6 厘米

普查类别：书法、绘画

收藏单位：重庆中国三峡博物馆

名称:**陈昱白描神仙图卷**

时代:明

尺寸:高 32 厘米,宽 134.5 厘米

普查类别:书法、绘画

收藏单位:重庆市秀山土家族苗族自治县文物管理所

名称:**莫是龙乱山秋色图卷**

时代:明

尺寸:高 18 厘米,宽 128 厘米

普查类别:书法、绘画

收藏单位:重庆中国三峡博物馆

名称:**董其昌云山小隐图卷**

时代:明

尺寸:高 29 厘米,宽 160 厘米

普查类别:书法、绘画

收藏单位:重庆中国三峡博物馆

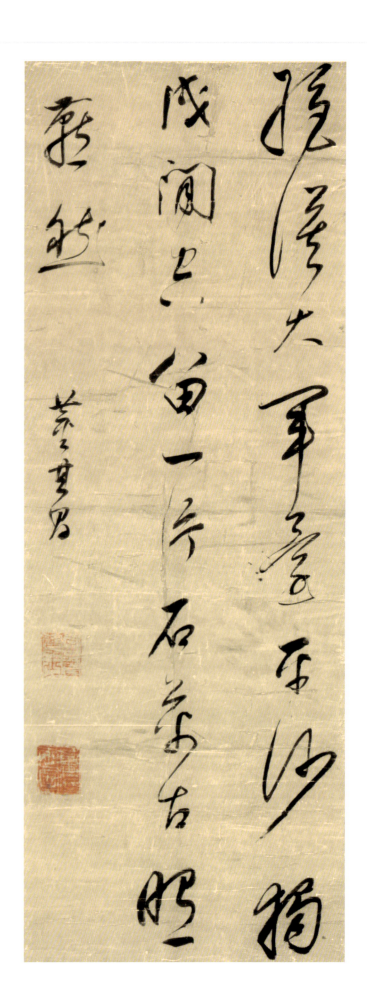

名称:**董其昌草书五言诗轴**

时代:明

尺寸:高 126.5 厘米,宽 47 厘米

普查类别:书法、绘画

收藏单位:重庆市万州区博物馆(文物管理所)

名称:**赵左孤棹垂钓图轴**

时代:明

尺寸:高 72.5 厘米,宽 38.6 厘米

普查类别:书法、绘画

收藏单位:重庆中国三峡博物馆

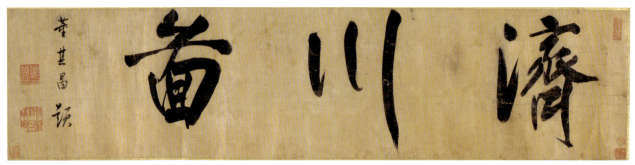

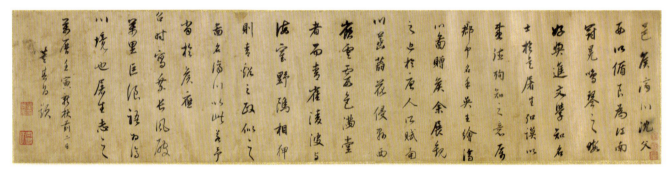

名称:吴振济川图卷

时代:明

尺寸:高26厘米,宽183厘米

普查类别:书法、绘画

收藏单位:重庆中国三峡博物馆

名称:**张宏海上三山图卷**

时代:明

尺寸:高 32.2 厘米,宽 134.2 厘米

普查类别:书法、绘画

收藏单位:重庆中国三峡博物馆

名称:**赵备竹石图轴**

时代:明

尺寸:高331.8厘米,宽102.3厘米

普查类别:书法、绘画

收藏单位:重庆中国三峡博物馆

名称:**丁云鹏洛神图卷**

时代:明

尺寸:高 29 厘米,宽 120 厘米

普查类别:书法、绘画

收藏单位:重庆中国三峡博物馆

名称:**程嘉燧听松图轴**

时代:明

尺寸:高 148.3 厘米,宽 19.7 厘米

普查类别:书法、绘画

收藏单位:重庆中国三峡博物馆

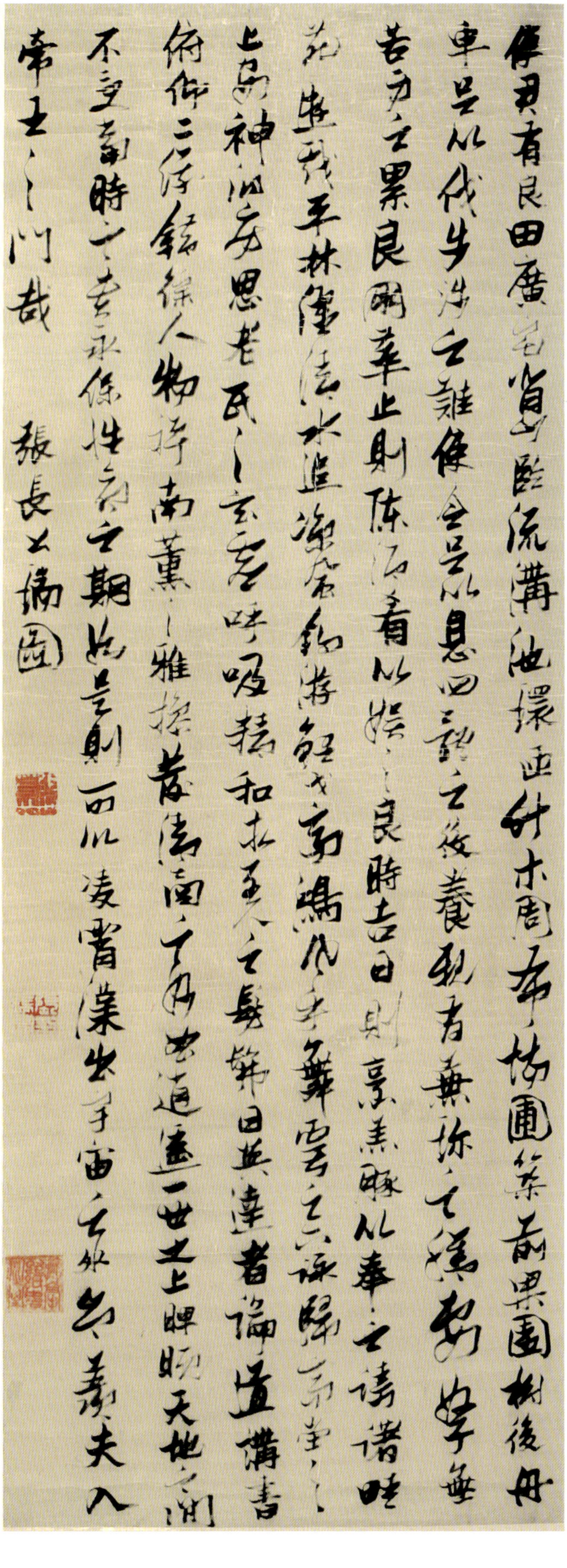

傳其有良田廣宅省約臨流溝池環匝竹木周布場囿築前果園樹後圃
車足以代步無以涉之難徭金呂以息四體之役養親者無涉之憂夫無
苦力之累良爾華止則陳酒肴以娛之良時吉日則烹羔豚以奉之躊躇
畦苑平林偃仰水遨濯清流游鯉戲泳彈南鳴北弋高詠鈞深之數諸士
上島神淵房房老民玄吟宏吸精和合耗與道遨者偃遊書
俯仰三條銘紀人物接南薰之雅探黄唐之遠遠一世之上睥睨天地之間
不受當時之責永保性命之期如此則可以凌霄漢出宇宙之外矣豈夫
帝王之門哉

張長公偶圖

名称：张瑞图行书轴

时代：明

尺寸：高190厘米，宽70厘米

普查类别：书法、绘画

收藏单位：西南大学

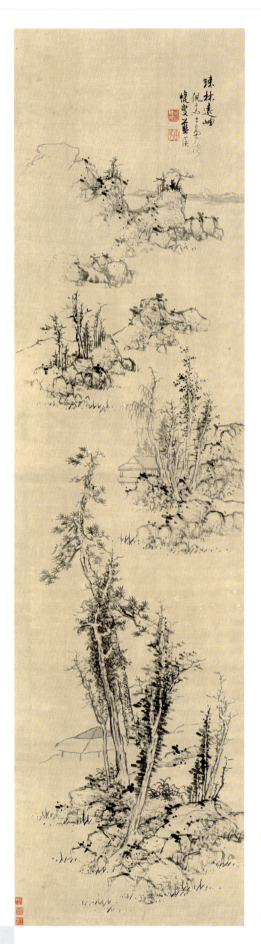

名称:**蓝瑛疏林远岫图轴**

时代:明

尺寸:高174厘米,宽47厘米

普查类别:书法、绘画

收藏单位:重庆中国三峡博物馆

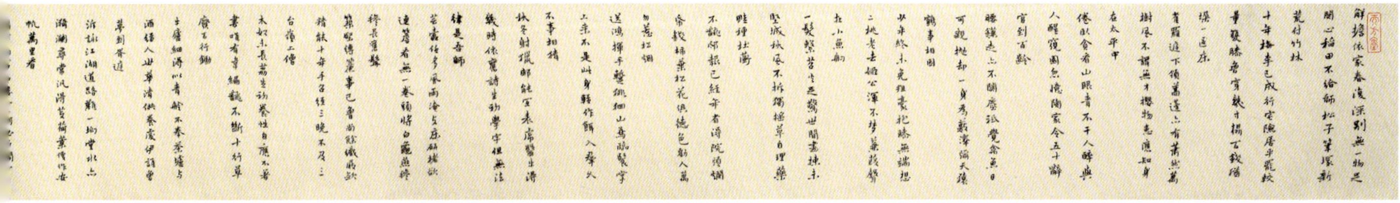

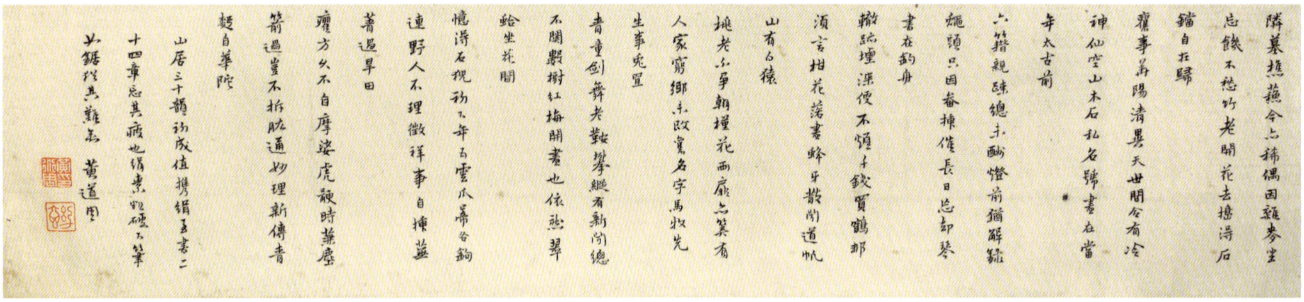

名称：**黄道周行书山居诗卷**

时代：明

尺寸：高 25 厘米，宽 293 厘米

普查类别：书法、绘画

收藏单位：重庆中国三峡博物馆

名称:**陈洪绶停舟对话图轴**

时代:明

尺寸:高 120 厘米,宽 96 厘米

普查类别:书法、绘画

收藏单位:重庆中国三峡博物馆

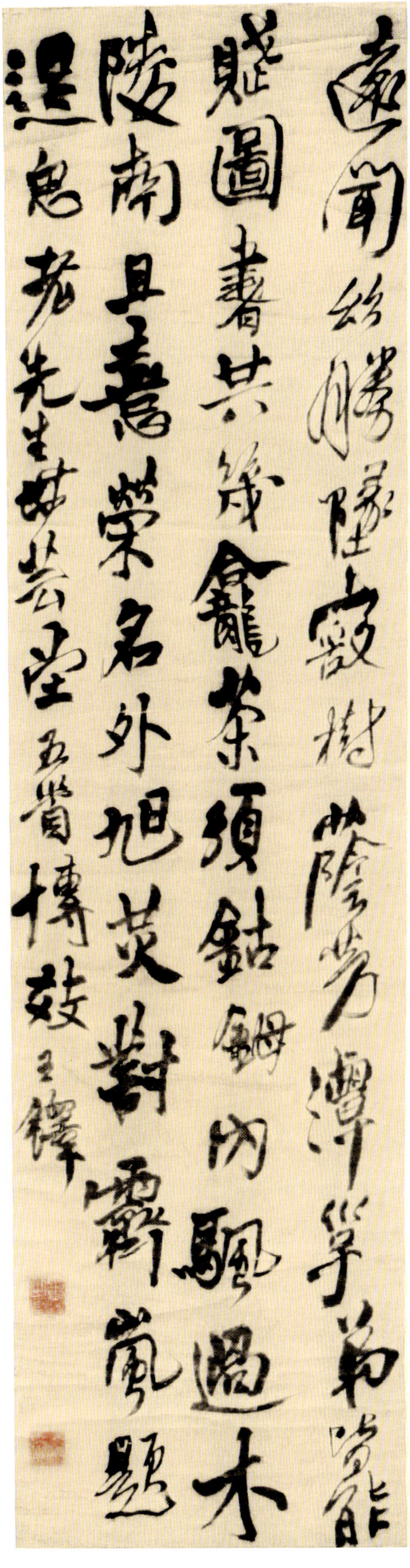

名称：王铎行书五律诗轴

时代：明

尺寸：高178.7厘米，宽47.8厘米

普查类别：书法、绘画

收藏单位：重庆市秀山土家族苗族自治县文物管理所

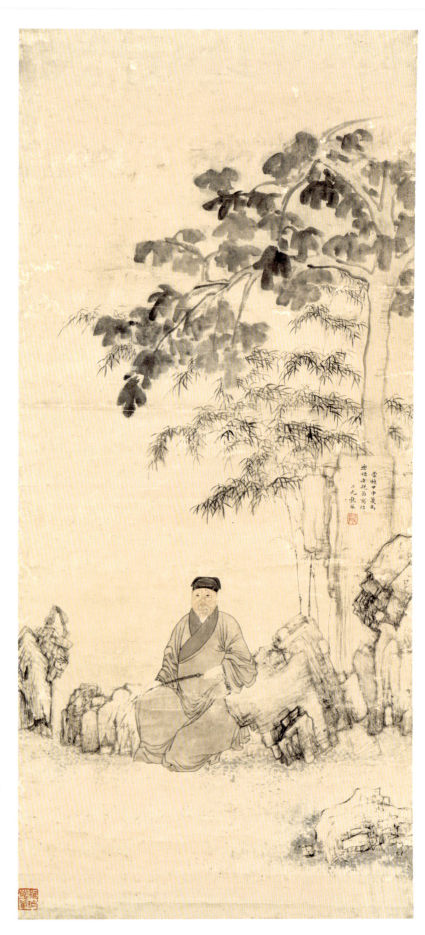

名称:**张风乐梧消暑图轴**

时代:明

尺寸:高 92.5 厘米,宽 42.5 厘米

普查类别:书法、绘画

收藏单位:重庆中国三峡博物馆

名称:**王崇简寒鸦雪石图扇面**

时代:明

尺寸:高 17 厘米,宽 50 厘米

普查类别:书法、绘画

收藏单位:重庆中国三峡博物馆

名称:**李因牡丹双燕图轴**

时代:明

尺寸:高 156 厘米,宽 47 厘米

普查类别:书法、绘画

收藏单位:重庆中国三峡博物馆

名称：**王时敏仿米山水轴**

时代：清

尺寸：高 62 厘米，宽 38 厘米

普查类别：书法、绘画

收藏单位：重庆中国三峡博物馆

名称:**担当临流图轴**

时代:清

尺寸:高 135 厘米,宽 45 厘米

普查类别:书法、绘画

收藏单位:重庆中国三峡博物馆

名称:**萧云从关山行旅图卷**

时代:清

尺寸:高 27 厘米,宽 490 厘米

普查类别:书法、绘画

收藏单位:重庆中国三峡博物馆

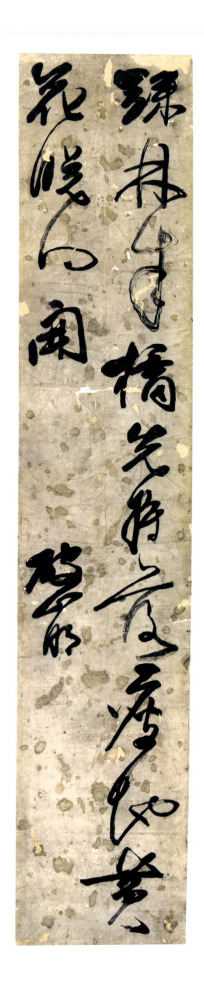

名称：**破山草书轴**

时代：清

尺寸：高 130 厘米，宽 26 厘米

普查类别：书法、绘画

收藏单位：重庆市梁平双桂堂

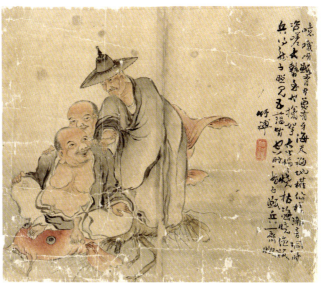
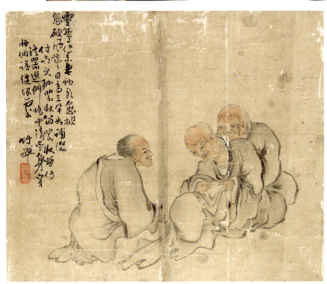

名称:**破山草书、竹禅人物图合装册**(一函8开)

时代:清

尺寸:高33厘米,宽36厘米

普查类别:书法、绘画

收藏单位:重庆市梁平双桂堂

名称：**无款破山老祖像轴**

时代：清

尺寸：高 160 厘米，宽 48.5 厘米

普查类别：书法、绘画

收藏单位：重庆市梁平双桂堂

名称:**王鉴烟浮远岫图轴**

时代:清

尺寸:高 113.5 厘米,宽 62.5 厘米

普查类别:书法、绘画

收藏单位:重庆中国三峡博物馆

名称:**谢彬村斗图轴**

时代:清

尺寸:高 119 厘米,宽 45 厘米

普查类别:书法、绘画

收藏单位:重庆中国三峡博物馆

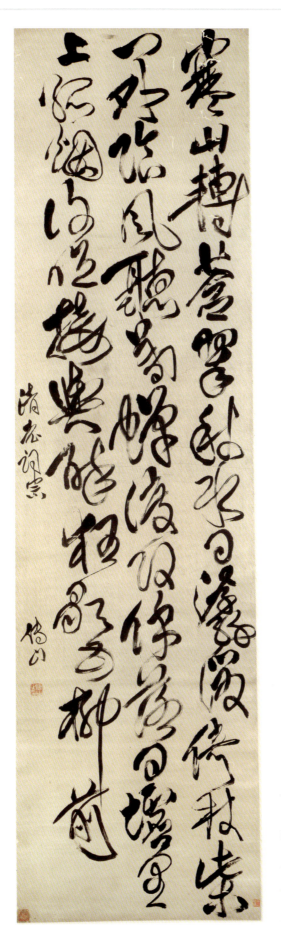

名称:**傅山草书王维诗轴**

时代:清

尺寸:高 187 厘米,宽 52 厘米

普查类别:书法、绘画

收藏单位:重庆中国三峡博物馆

名称:**戴明说墨竹图轴**

时代:清

尺寸:高 167.9 厘米,宽 51.9 厘米

普查类别:书法、绘画

收藏单位:重庆中国三峡博物馆

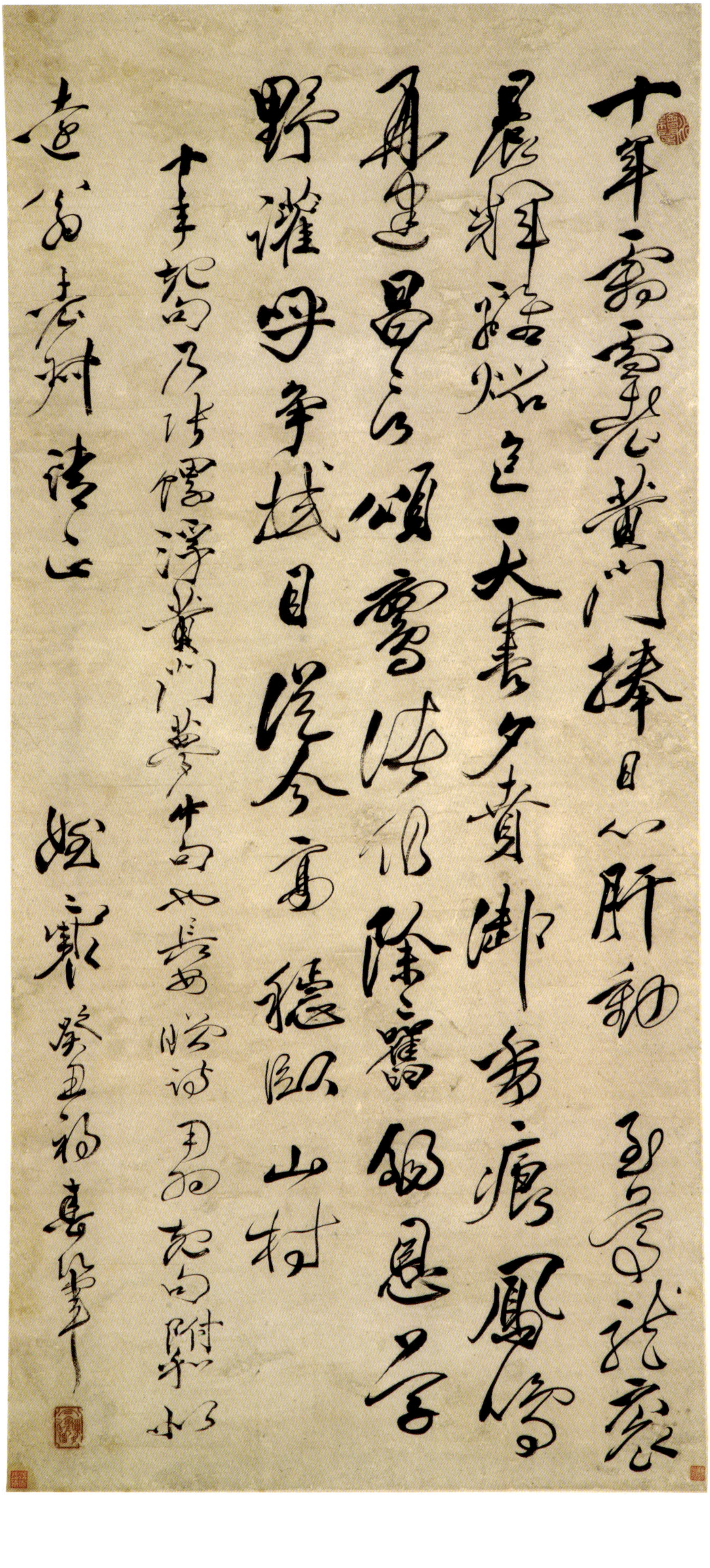

十年雷霆老黄门捧日心肝动
玉堂试墨晨辉临妫色天书夕贲御前
疗风渖野滩母争战目浮岑峦隐卧山村
再建呈二颂霄涛泻流隆萬恩字
十事起蜀乃浅懦浮黄门梦廿高如喜晓诗
君扬耸句附浓水
远尚老村请正

冒襄 癸亥稿喜书

名称：**冒襄行草书轴**

时代：清

尺寸：高 123.1 厘米，宽 59 厘米

普查类别：书法、绘画

收藏单位：重庆中国三峡博物馆

名称:**查士标雨余新涨图轴**

时代:清

尺寸:高 100 厘米,宽 39 厘米

普查类别:书法、绘画

收藏单位:重庆中国三峡博物馆

名称:**樊圻山水册**(一函8开)

时代:清

尺寸:高20厘米,宽27.5厘米

普查类别:书法、绘画

收藏单位:重庆中国三峡博物馆

名称:**龚贤翠嶂飞泉图轴**

时代:清

尺寸:高 191 厘米,宽 89 厘米

普查类别:书法、绘画

收藏单位:重庆中国三峡博物馆

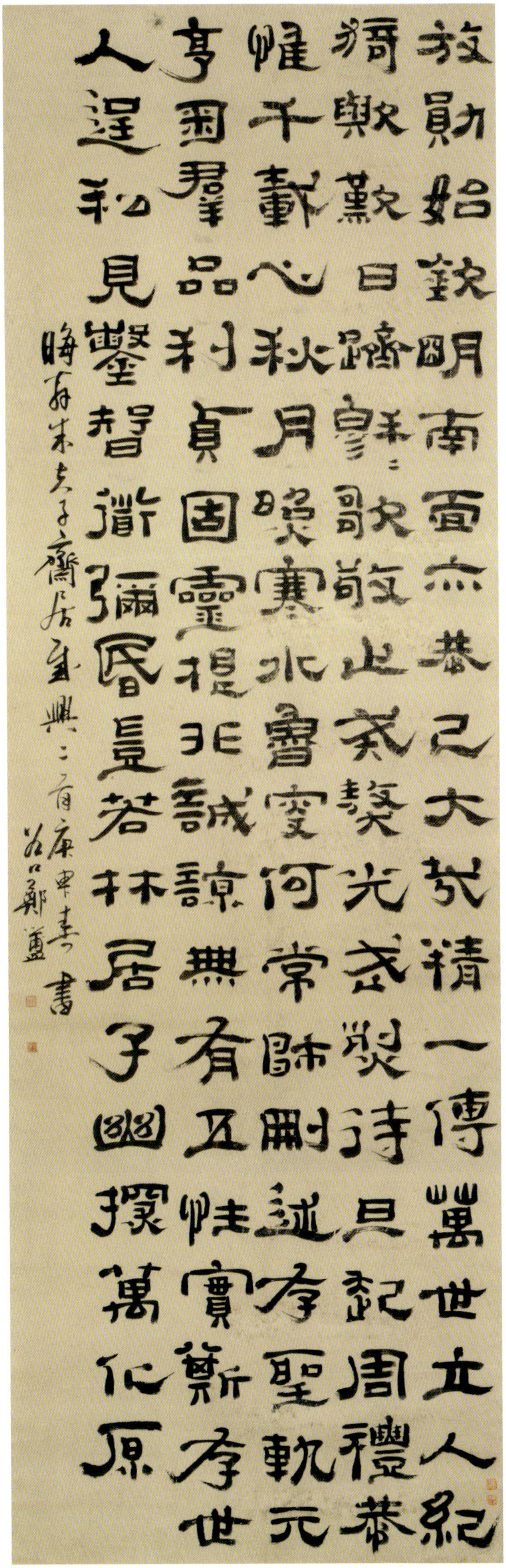

名称：**郑簠斋居感兴诗轴**

时代：清

尺寸：高 267 厘米，宽 89 厘米

普查类别：书法、绘画

收藏单位：重庆中国三峡博物馆

名称:**罗牧幽居卧游图轴**

时代:清

尺寸:高 202.5 厘米,宽 47 厘米

普查类别:书法、绘画

收藏单位:重庆中国三峡博物馆

名称:**梅清黄山松谷图轴**

时代:清

尺寸:高 186 厘米,宽 60 厘米

普查类别:书法、绘画

收藏单位:重庆中国三峡博物馆

名称:**朱耷荷花鹭鸶图轴**

时代:清

尺寸:高 178 厘米,宽 48 厘米

普查类别:书法、绘画

收藏单位:重庆中国三峡博物馆

名称:**王翚仿元人烟云出岫图轴**

时代:清

尺寸:高 65.5 厘米,宽 27 厘米

普查类别:书法、绘画

收藏单位:重庆中国三峡博物馆

名称:**顾符稹虎丘图卷**

时代:清

尺寸:高 25.6 厘米,宽 78.1 厘米

普查类别:书法、绘画

收藏单位:重庆中国三峡博物馆

名称:**强国忠山水图册**(一函 12 开)

时代:清

尺寸:高 31.2 厘米,宽 37 厘米

普查类别:书法、绘画

收藏单位:重庆中国三峡博物馆

蒼蒼深木鎖煙
霞島上相知有
黃家芝有潭魚
水水沫醉頭溪
鹿呷蕉花霧廚
歷歷泉聲細綻
屋俺虺樹影斜
夜靜眠友封螢
竈自添文武養
丹砂

泉香天上梵仙宮鐘磬
泠泠半碧空清影卡間
松隨月轉流長響石樓
風山河古神春宮外城
閣春臺晚樹中枝出
尋邪可憐三山煙景本
無窮

臺中行坐可攀
天河況林閒息
萬緣組綏住岳
三品石環璟從
落四公泉丹臺
已連陰陽大岩
簡頭鶴次第仙
穩得當平春色
動五足煙甲又
芊眠

松臺初見五城
樓風物欣有宿
尚枝山色遠連
秦樹晚磑聲近
報漢宮秋珠松
郭落空樓靜細
草春青古洞曲
何用剃尋方外
去人間亦有
丹立

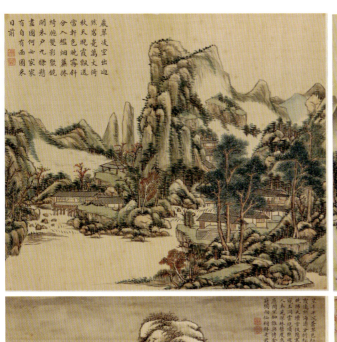

名称:**石涛松庵读书图轴**

时代:清

尺寸:高 117 厘米,宽 38 厘米

普查类别:书法、绘画

收藏单位:重庆中国三峡博物馆

名称:**王原祁扁舟图卷**

时代:*清*

尺寸:高 40.3 厘米, 宽 74.2 厘米

普查类别:书法、绘画

收藏单位:重庆中国三峡博物馆

名称：**奚冠西湖春晓图轴**

时代：清

尺寸：高159厘米，宽48厘米

普查类别：书法、绘画

收藏单位：重庆中国三峡博物馆

名称:**杨晋芦岸牧牛图轴**

时代:清

尺寸:高80厘米,宽29厘米

普查类别:书法、绘画

收藏单位:重庆中国三峡博物馆

名称:**禹之鼎文潞公园图轴**

时代:清

尺寸:高 163 厘米,宽 52 厘米

普查类别:书法、绘画

收藏单位:重庆中国三峡博物馆

名称:**戴思望山水图卷**

时代:清

尺寸:高 25 厘米,宽 248.8 厘米

普查类别:书法、绘画

收藏单位:重庆图书馆

名称:**高其佩松林骑马图轴**

时代:清

尺寸:高 91 厘米,宽 52 厘米

普查类别:书法、绘画

收藏单位:重庆中国三峡博物馆

名称:**蒋廷锡花果蔬菜图册**(一函 12 开)

时代:清

尺寸:高 26.1 厘米,宽 31.5 厘米

普查类别:书法、绘画

收藏单位:重庆中国三峡博物馆

名称:**唐岱泉光云影图轴**

时代:清

尺寸:高 114 厘米,宽 65.8 厘米

普查类别:书法、绘画

收藏单位:重庆中国三峡博物馆

名称:**华嵒松涧苍鹿图轴**

时代:清

尺寸:高 103.3 厘米,宽 62.9 厘米

普查类别:书法、绘画

收藏单位:重庆中国三峡博物馆

名称:**高凤翰花石图册**(一函 10 开)

时代:清

尺寸:高 44.4 厘米,宽 28 厘米

普查类别:书法、绘画

收藏单位:重庆中国三峡博物馆

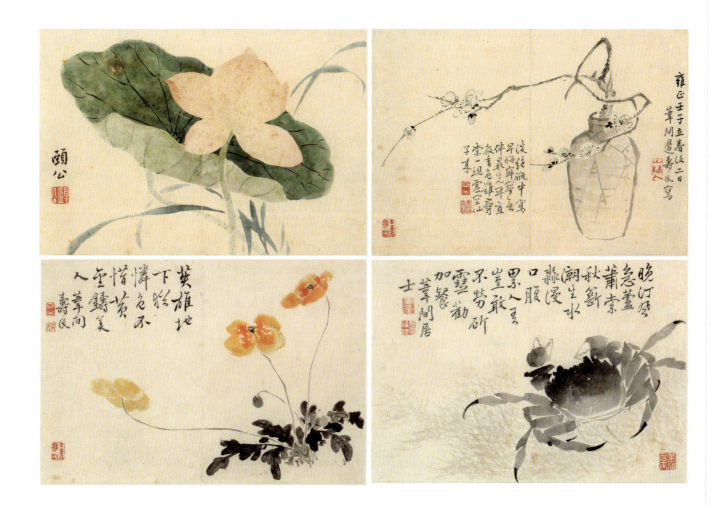

名称:**边寿民花卉图册**(一函 12 开)

时代:清

尺寸:高 19 厘米,宽 28.5 厘米

普查类别:书法、绘画

收藏单位:重庆中国三峡博物馆

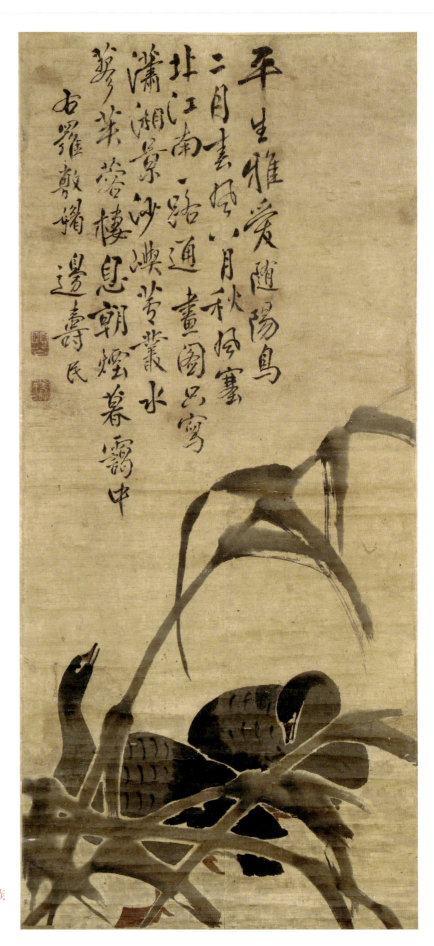

平生雅爱随阳鸟
二月春风八月秋凭寒
北江南一路通画图只写
潇湘景砂澳芳草丛水
参差茅落栖息朝烟暮霭中
古罗敬辐
边寿民氏

名称:**边寿民芦雁图轴**

时代:清

尺寸:高99厘米,宽46厘米

普查类别:书法,绘画

收藏单位:重庆市秀山土家族苗族
自治县文物管理所

名称：**李鱓花卉图册**（一函 12 开）

时代：清

尺寸：高 26.2 厘米，宽 35.5 厘米

普查类别：书法、绘画

收藏单位：重庆中国三峡博物馆

名称:**蔡嘉层崖石屋图轴**

时代:清

尺寸:高 104 厘米,宽 53 厘米

普查类别:书法、绘画

收藏单位:重庆中国三峡博物馆

名称:**金农枇杷图轴**

时代:清

尺寸:高 123.2 厘米,宽 27.2 厘米

普查类别:书法、绘画

收藏单位:重庆中国三峡博物馆

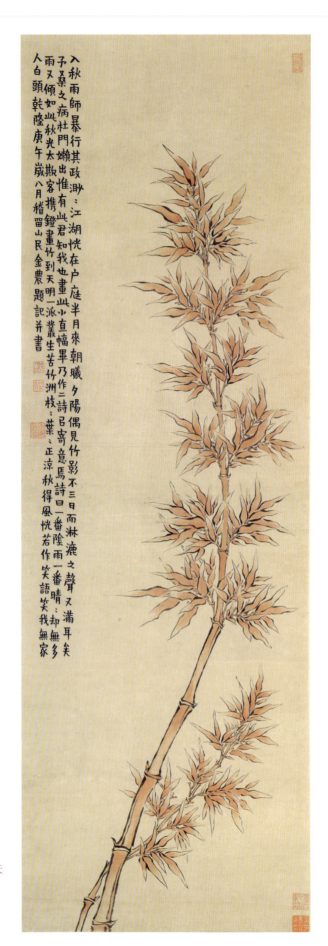

入秋雨師暴行其政渺渺江湖恍在戶庭半月來朝曦夕陽偶見竹影不三日而淋漓之聲又滿耳矣子桑之病杜門嬾出惟有此君知我也畫此小直幅畢乃作二詩曰一番陰雨一番晴却無多雨又倾如此秋光太斯客携鐙畫竹到天明一派叢生苦竹洲枝枝葉葉正涼秋得風恍若作笑語笑我無家人自頭乾隆庚午歲八月楷留山民金農題記并書

名称：**金农朱竹图轴**

时代：清

尺寸：高 123.3 厘米，宽 41.1 厘米

普查类别：书法、绘画

收藏单位：重庆北碚区图书馆

名称:**黄慎纫兰图轴**

时代:清

尺寸:高 66.3 厘米,宽 34.8 厘米

普查类别:书法、绘画

收藏单位:重庆中国三峡博物馆

名称:**袁江江天楼阁图轴**

时代:清

尺寸:高 181 厘米,宽 68 厘米

普查类别:书法、绘画

收藏单位:重庆中国三峡博物馆

名称:**方士庶仿古巨然山水图轴**

时代:清

尺寸:高 103.6 厘米,宽 41.5 厘米

普查类别:书法、绘画

收藏单位:重庆中国三峡博物馆

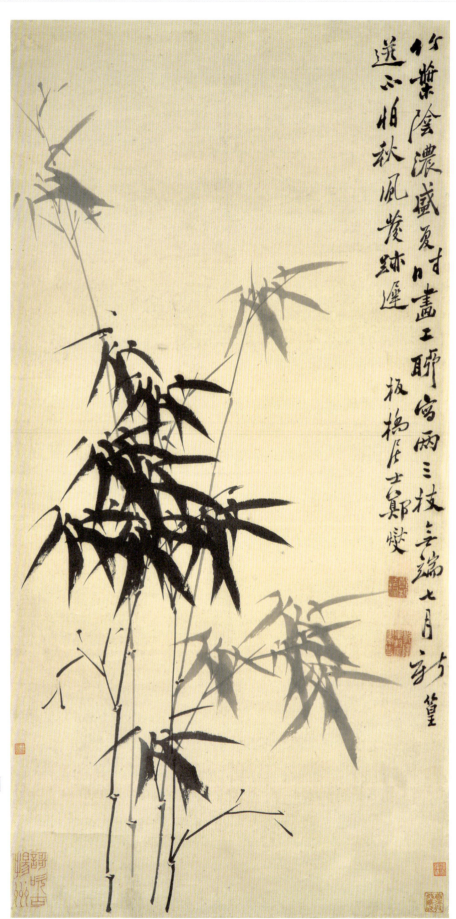

名称:**郑燮七月新篁图轴**

时代:清

尺寸:高 95.5 厘米,宽 48.7 厘米

普查类别:书法、绘画

收藏单位:重庆中国三峡博物馆

名称:**李方膺墨牡丹图轴**

时代:清

尺寸:高 90 厘米,宽 45.5 厘米

普查类别:书法、绘画

收藏单位:重庆中国三峡博物馆

名称:钱陈群跋周煌登舟图行书诗卷

时代:清

尺寸:高 27.3 厘米,宽 244 厘米

普查类别:书法、绘画

收藏单位:重庆市涪陵区博物馆

名称:**钱载梅花图横幅**

时代:清

尺寸:高42厘米,宽175.5厘米

普查类别:书法、绘画

收藏单位:重庆市秀山土家族苗族自治县文物管理所

名称:**刘墉行书联**

时代:清

尺寸:高 128 厘米,宽 32 厘米

普查类别:书法、绘画

收藏单位:重庆市巴南区文物保护管

理所(巴南区文化遗产保护中心)

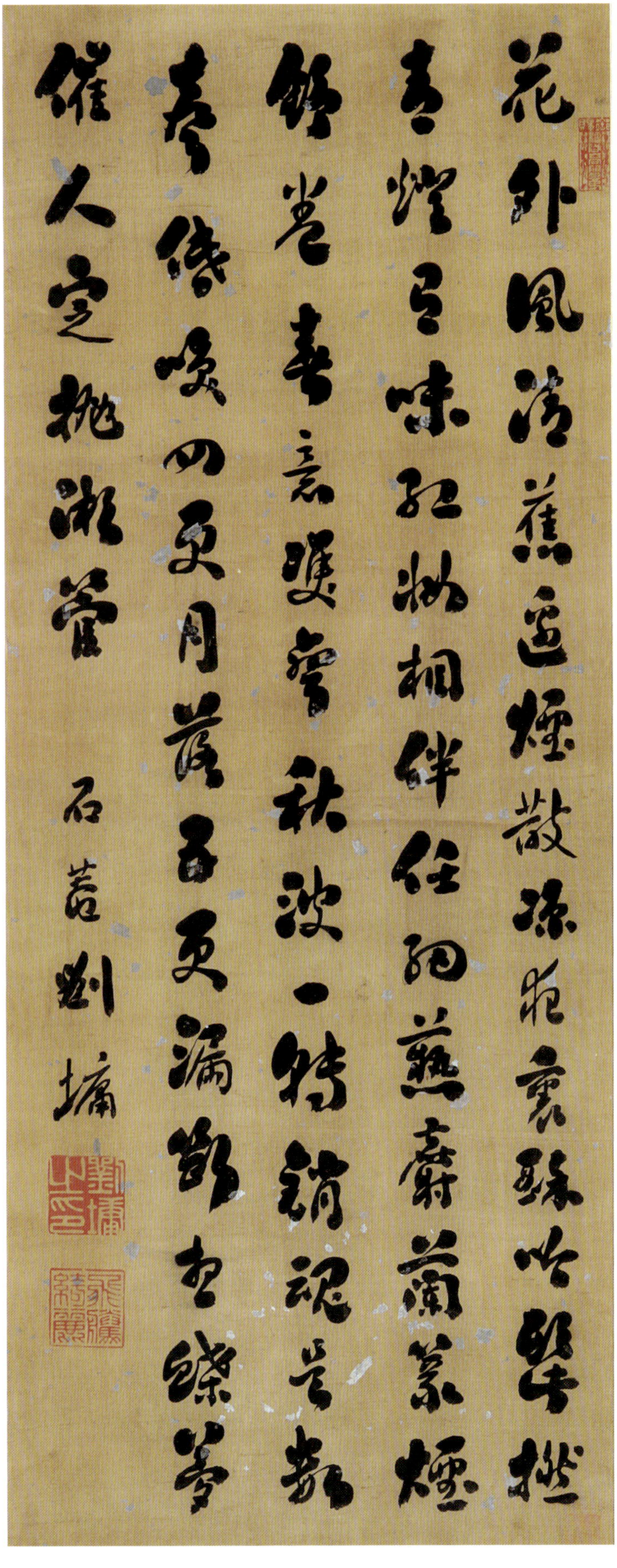

花外風簾蕉逗煙敲孫枝勍吟筆挑
春燭呈味孤竹相伴任阿熟齋蘭蓁煙
餘岩寺言喚雲秋改一時銷況岩耕
春倚喚四更月巖子更漏節書繞夢
催人多之挑潇管

石菴劉墉

名称：**刘墉行书诗轴**

时代：清

尺寸：高 103 厘米，宽 39.7 厘米

普查类别：书法、绘画

收藏单位：巫山县文物管理所

（巫山博物馆）

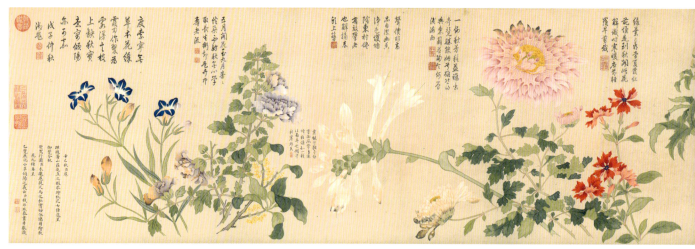

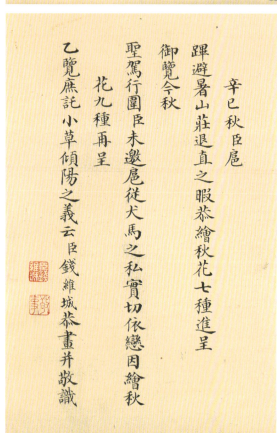

名称:**钱维城九秋图卷**

时代:清

尺寸:高 39.2 厘米,宽 182 厘米

普查类别:书法、绘画

收藏单位:重庆中国三峡博物馆

名称:**冯湜鸣泉翠深图轴**

时代:清

尺寸:高 167.6 厘米,宽 61.7 厘米

普查类别:书法、绘画

收藏单位:重庆中国三峡博物馆

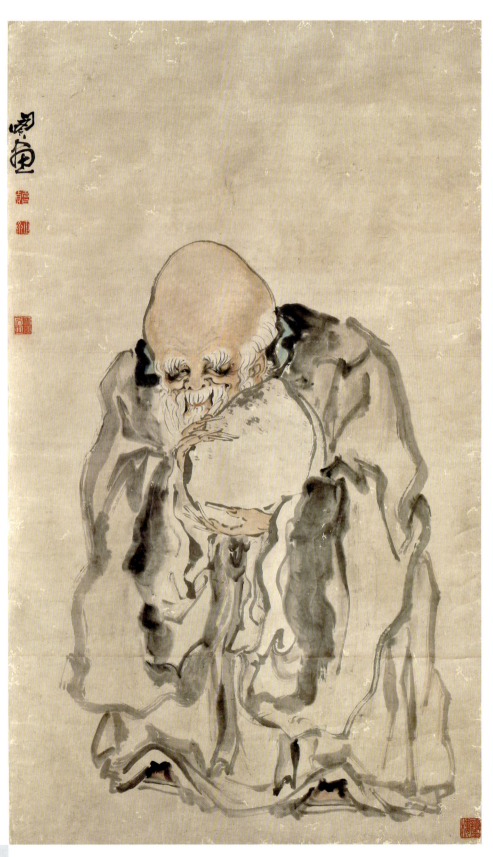

名称:**闵贞寿星图轴**

时代:清

尺寸:高 156 厘米,宽 92 厘米

普查类别:书法、绘画

收藏单位:四川美术学院

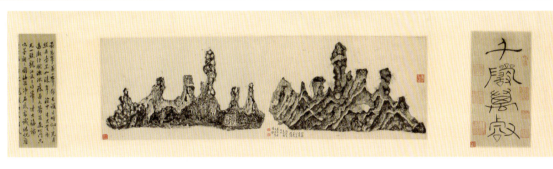

名称：**翁方纲小字隶书宝晋斋研山考、罗聘等合作研山图等合装卷**

时代：清

尺寸：高 26 厘米，宽 78 厘米；高 23 厘米，宽 81 厘米等

普查类别：书法、绘画

收藏单位：重庆中国三峡博物馆

名称:**罗聘二色梅花图轴**

时代:清

尺寸:高 72 厘米,宽 28 厘米

普查类别:书法、绘画

收藏单位:重庆中国三峡博物馆

午橋莊上千竿竹誌
墅堂中白畫春
玉中二兄世老先生
命鬥峯弟羅聘畫

名称:**罗聘午桥庄图轴**

时代:清

尺寸:高 103 厘米,宽 53 厘米

普查类别:书法、绘画

收藏单位:重庆中国三峡博物馆

名称:**黄易仿陈道复高节凌云图扇面**

时代:清

尺寸:高 15 厘米,宽 49 厘米

普查类别:书法、绘画

收藏单位:重庆中国三峡博物馆

名称：**钱坫篆书七言诗轴**

时代：清

尺寸：高 121.4 厘米，宽 51 厘米

普查类别：书法、绘画

收藏单位：重庆市秀山土家族苗族自治县文物管理所

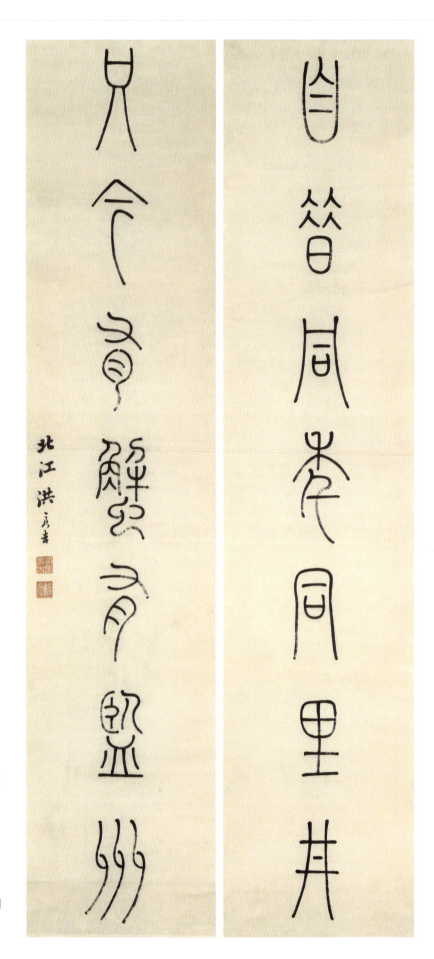

名称:**洪亮吉篆书七言联**

时代:清

尺寸:高 143.5 厘米,宽 32 厘米

普查类别:书法、绘画

收藏单位:重庆市秀山土家族苗族自
治县文物管理所

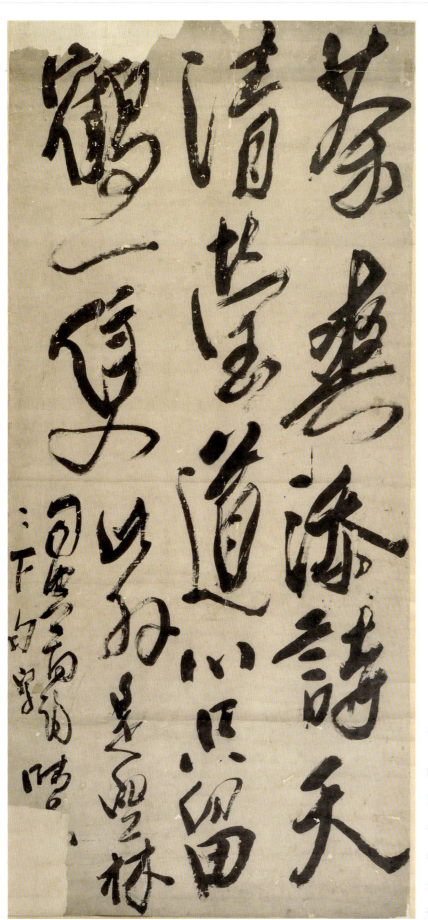

名称:**龚有融草书轴**

时代:清

尺寸:高 199.5 厘米,宽 93 厘米

普查类别:书法、绘画

收藏单位:重庆市巴南区文物
保护管理所(巴南区文化遗产
保护中心)

名称:**龚有融写生小品图轴**

时代:清

尺寸:高 39 厘米,宽 46.3 厘米

普查类别:书法、绘画

收藏单位:重庆中国三峡博物馆

名称:**朱本红叶沧江图轴**

时代:清

尺寸:高 112 厘米,宽 51.8 厘米

普查类别:书法、绘画

收藏单位:重庆中国三峡博物馆

名称:**张问陶达摩渡江图轴**

时代:清

尺寸:高 130.6 厘米,宽 31.1 厘米

普查类别:书法、绘画

收藏单位:重庆中国三峡博物馆

名称:**钱杜山水图轴**

时代:清

尺寸:高78厘米,宽27厘米

普查类别:书法、绘画

收藏单位:重庆市涪陵区博
物馆(文物管理所)

166

名称:**陈鸿寿隶书十一言联**

时代:清

尺寸:高 273 厘米、宽 45 厘米

普查类别:书法、绘画

收藏单位:重庆图书馆

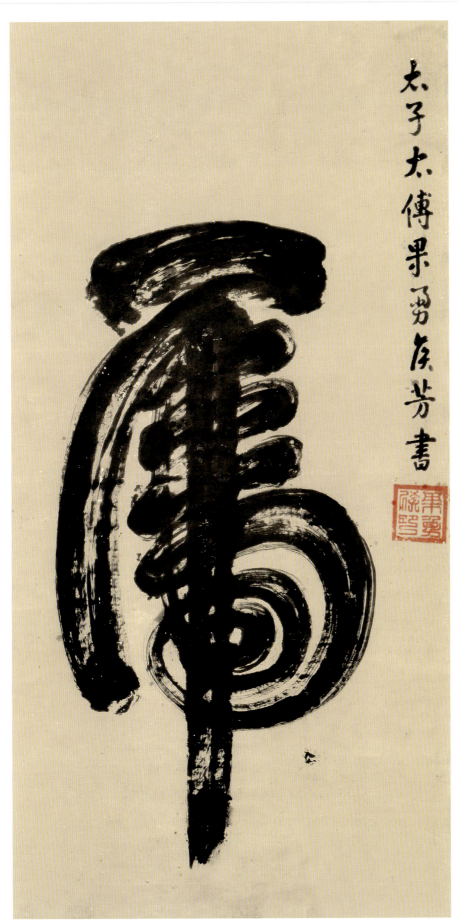

名称:**杨芳草书"虎"字轴**

时代:清

尺寸:高 140 厘米,宽 73.5 厘米

普查类别:书法、绘画

收藏单位:重庆市酉阳土家族苗族自治县文物管理所

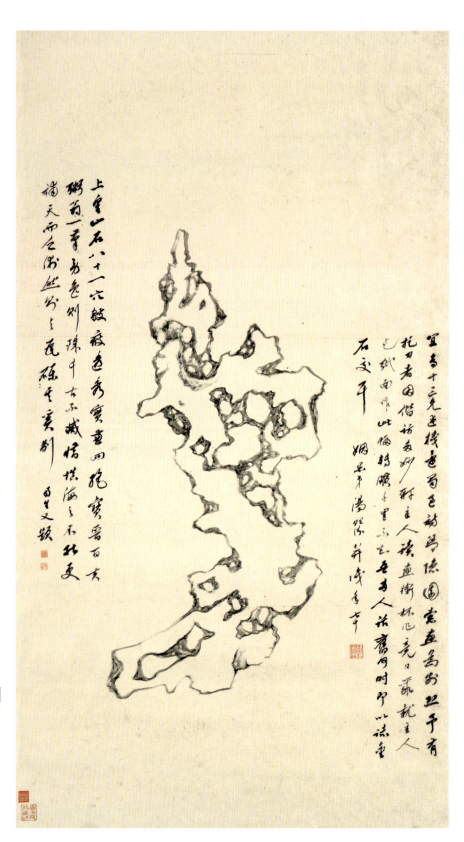

名称:汤贻汾玲珑石图轴

时代:清

尺寸:高 105.5 厘米,宽 58.5 厘米

普查类别:书法、绘画

收藏单位:重庆中国三峡博物馆

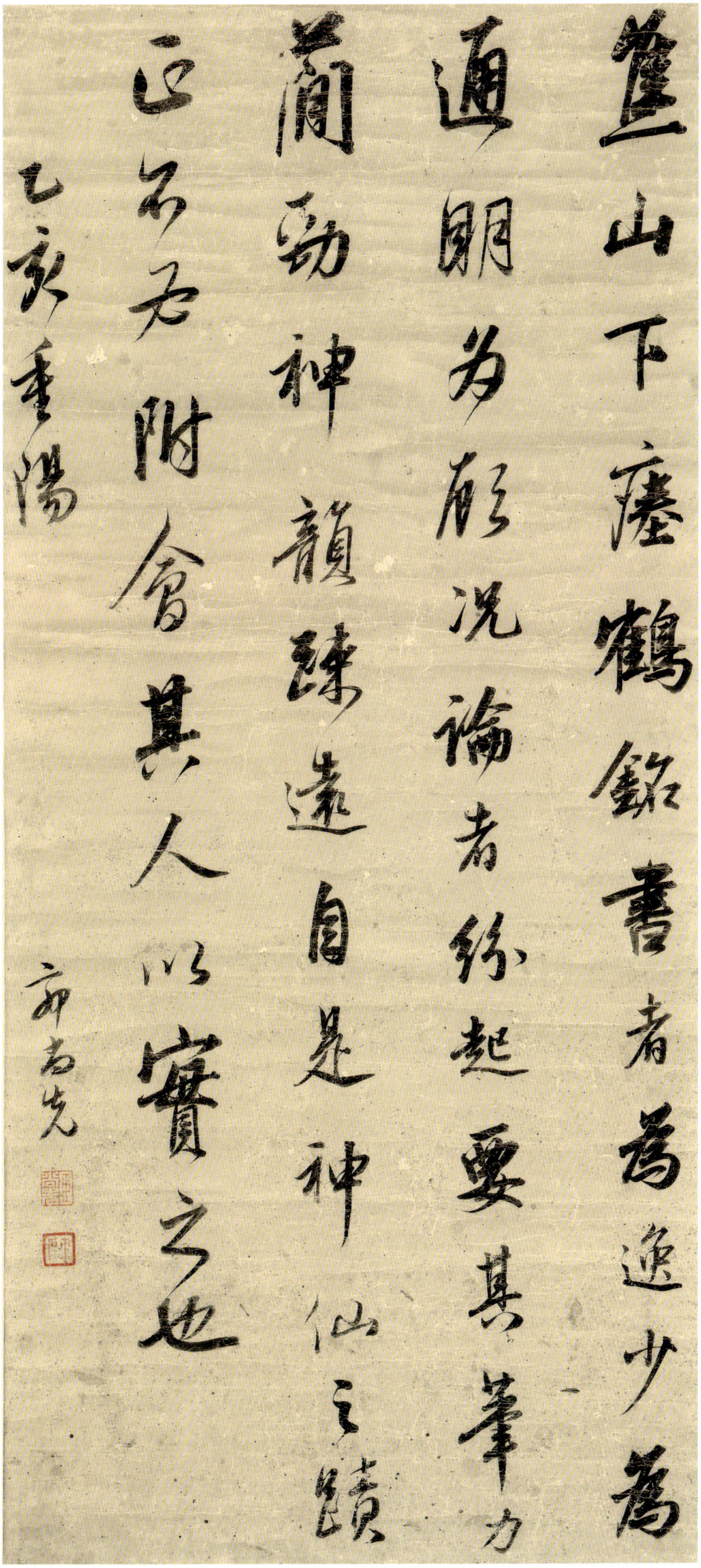

焦山下瘗鶴銘書者為逸少為

通朙為顧況論者紛起要其筆力

蘭動神韻邃遠自是神仙之蹟

正不必附會其人以實之也

乙亥重陽

郭尚先

名称:**郭尚先行书瘗鹤铭论轴**

时代:清

尺寸:高 129 厘米,宽 59.5 厘米

普查类别:书法、绘画

收藏单位:重庆市秀山土家族苗族自治县文

物管理所

名称:**王素拜月图轴**

时代:清

尺寸:高 92.2 厘米,宽 42.6 厘米

普查类别:书法、绘画

收藏单位:重庆中国三峡博物馆

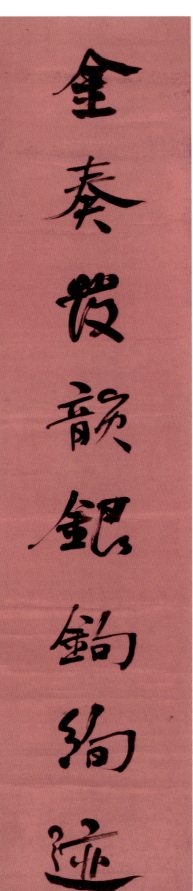

名称:**何绍基行书八言联**

时代:清

尺寸:高 163 厘米,宽 29 厘米

普查类别:书法、绘画

收藏单位:重庆市万州区博物馆(文
物管理所)

名称:**戴熙云峰耸秀图轴**

时代:清

尺寸:高 137 厘米,宽 47 厘米

普查类别:书法 绘画

收藏单位:重庆中国三峡博物馆

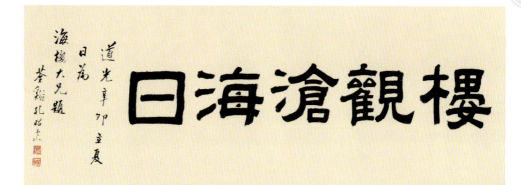

名称:**费丹旭作王劼像、汤贻汾山水图合璧卷**

时代:清

尺寸:高 38 厘米、宽 90 厘米;高 42 厘米、宽 151 厘米

普查类别:书法、绘画

收藏单位:重庆中国三峡博物馆

名称:**周新罗汉图卷**

时代:清

尺寸:高 29.5 厘米,宽 612.5 厘米

普查类别:书法、绘画

收藏单位:四川美术学院

名称：**曾国藩行书七言联**

时代：清

尺寸：高 152 厘米，宽 40 厘米

普查类别：书法、绘画

收藏单位：丰都县文物管理所

名称:竹禅兰石图轴

时代:清

尺寸:高 145 厘米,宽 78 厘米

普查类别:书法、绘画

收藏单位:重庆市梁平区文物管理所

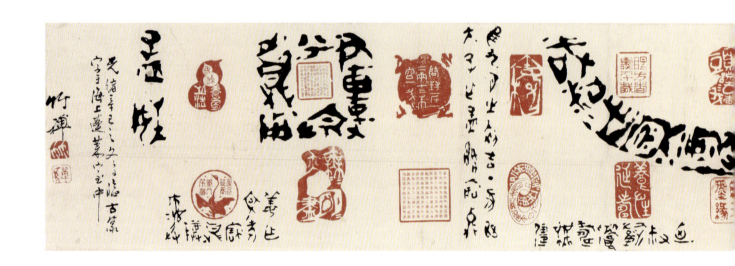

名称:**竹禅篆字印谱横幅**

时代:清

尺寸:高28厘米,宽105厘米

普查类别:书法、绘画

收藏单位:重庆市梁平区文物管理所

名称:**赵之谦仿懒道人花卉图扇面**

时代:清

尺寸:高 26.9 厘米,宽 26.2 厘米

普查类别:书法、绘画

收藏单位:重庆中国三峡博物馆

名称:**彭聚星行书八言联**

时代:清

尺寸:高 170 厘米,宽 37.2 厘米

普查类别:书法、绘画

收藏单位:重庆市云阳县文物保护管理所

(云阳博物馆)

船傍垂楊別緒生煙舍棗樹

鶯歸聲羣谷縞帶遺吳錦

幕府青絲唱渭城

皖境留別詩

高飛鴻鶱滿閣河此日寒江

趁夕波庚信衰時常作客梁

園芏國獨行歌

贈別表重其詩

名称:**康有为皖境留别诗屏**

时代:清

尺寸:高 173.5 厘米,宽 43.5 厘米

普查类别:书法、绘画

收藏单位:重庆市江津区文物管理所

名称:**赵熙山水行书合璧轴**

时代:清

尺寸:高 65.9 厘米,宽 31.1 厘米

普查类别:书法、绘画

收藏单位:重庆市巴南区文物保护管理所(巴南区文化遗产保护中心)

名称:**工笔重彩水陆画轴**

时代:清

尺寸:高 164 厘米,宽 64 厘米

普查类别:书法、绘画

收藏单位:重庆市梁平区文物管理所

名称:**花鸟图竹帘画**

时代:清

尺寸:高 156.5 厘米,宽 43.5 厘米

普查类别:书法、绘画

收藏单位:重庆市梁平区文物管理所

名称：**吴昌硕篆书七言联**

时代：民国

尺寸：高 130 厘米，宽 30 厘米

普查类别：书法、绘画

收藏单位：重庆市秀山土家族苗族自

治县文物管理所

名称:**齐白石四季山水图屏**

时代:民国

尺寸:高 138.1 厘米,宽 62.2 厘米

普查类别:书法、绘画

收藏单位:重庆中国三峡博物馆

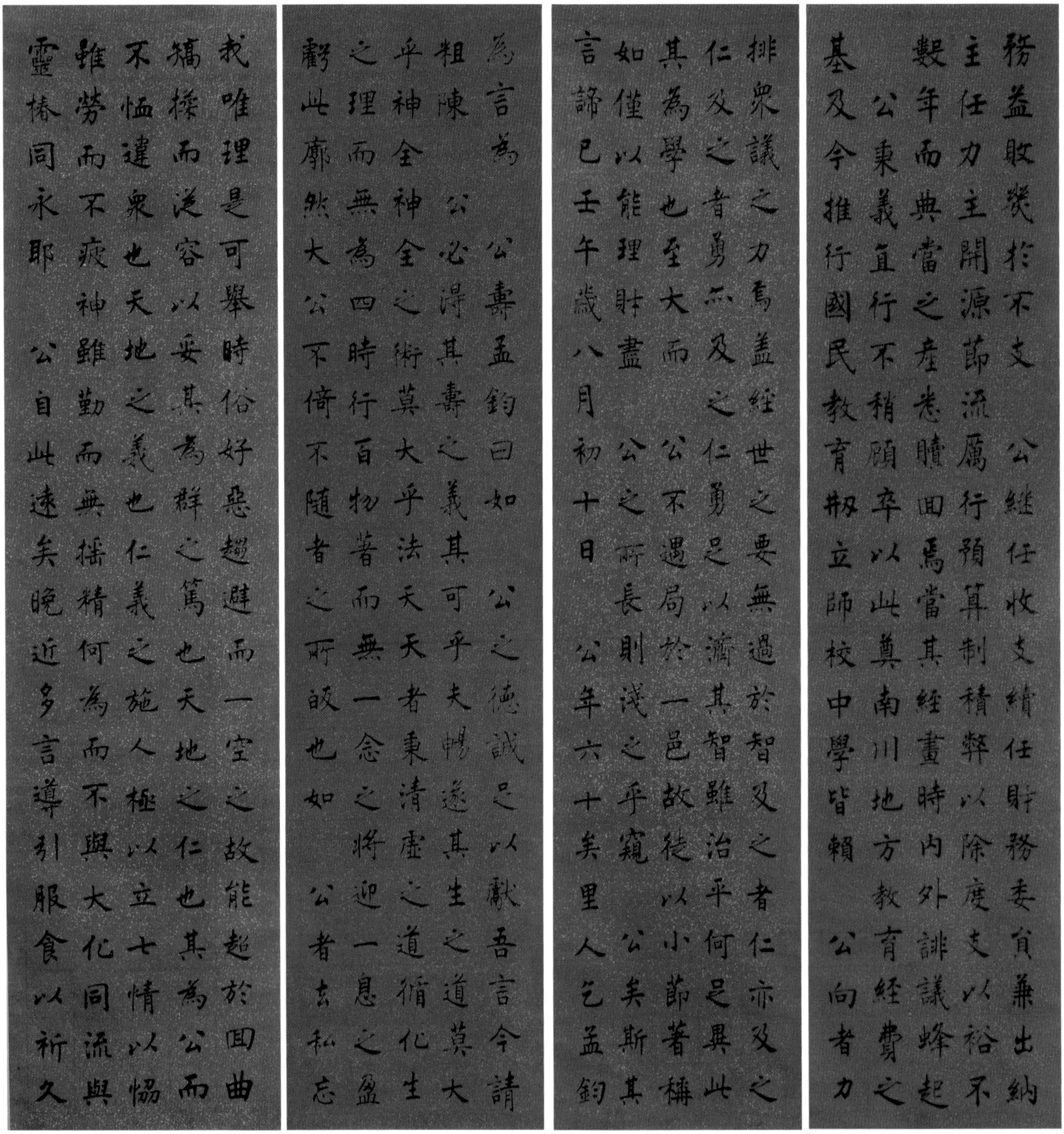

務益敗獘於不支　公繼任收支續任財務委員兼出納
主任力主開源節流厲行預算制積弊以除度支以裕不
數年而典當之產卷牘田禺當其經畫時內外誹議蜂起
公秉義直行不稍顧卒以此奠南川地方教育經費之
基及今推行國民教育擴立師校中學皆賴　公向者力
排衆議之力焉蓋經世之要無過於智及之者仁亦及之
仁及之者勇亦及之仁勇足以濟其智雖治平何足異此
其為學也至大而　公不遇局於一邑故徒以小節著稱
如僅以能理財盡　公之所長則淺之乎窺　公矣斯其
言諦已壬午歲八月初十日　公年六十矣里人乞孟鈞
為言為　公壽孟鈞曰如　公之德誠足以猷吾言今請
粗陳　公必得其壽之義其可乎夫暢遂其生之道莫大
乎神全神全之術莫大乎法天天者秉清虛之道循化生
之理而無為四時行百物著而無一念之將迎一息之盈
虧此廓然大公不倚不隨者之所致也如　公者去私忘
我唯理是可舉時俗好惡趨避而一空之故能超於囬曲
犒操而從容以妥其為群之篤也天地之仁也其為公而
不恤違衆也天地之義也仁義之施人極以立七情以協
雖勞而不疲神雖勤而無搖精何為而不與大化同流與
靈椿同永耶　公自此遠矣晚近多言導引服食以祈久

名称：**沈尹默楷书祝寿屏**

时代：民国

尺寸：高 210 厘米，宽 60 厘米

普查类别：书法、绘画

收藏单位：重庆市南川区文物管理所

為人類朱家郭解之流秉正不阿脊起脊梁尤
骨傲
岳奴大人六旬雙壽大慶

楊公夢徵暨　德配賀夫人六旬壽序
南川蜀東名邑也多奇偉士而
耆德楊公夢徵為之魁長壽賀雲程先生述之曰公性
端嚴而豁達識超卓而融通愛群如己而非放也護公如
家而非矯也言必信行必果義之所在不以危害艱苦懾

缺而稍却焉清任和介諸德備於一身故服膺政典團練
主商事公斷管地方稅收靡不樹績效得信譽而來難乎
為繼之稱頌鄉里人士無智愚賢不肖莫不欽仰而奉事
焉歷任官宰無寬猛剛柔莫不諮訪而質正焉固有其
道也孟釣閭而高之吾友周君寶韓繹其事尤備謂公

友於昆弟以兄光國公之食指析產則讓多受少也厚
於子女凡男子三佳因佳冀女子四秀卿壽卿
靜卿慧卿惠為專材以效於時也邑人固已稱道不
衰美而綜其行事尤以整頓地方教育經費為難能先是
主學務者支用無度輒典押學產以供支拂歲入益徵學

視者不循道本競以修心私欲逐起祖之塵昧乎壽必本
於天德憂借今茲壽揚公之盛事爲天下尊生者告之
西康省政府委員兼教育廳長韓孟鈞　拜撰
國民政府監察院監察委員沈卅默　拜書
國民政府行政院經濟部次長秦汾國民政府行政院交

通部次長盧作孚國民政府行政院教育部次長顧毓琇
國民政府軍事委員會後方勤務部副部長端木傑經濟
部中央工業試驗所所長顧毓琇四川省水利局局長何
北衡財政部賀易委員會童季齡國民參政
會參政員彭革陳四川省參議會參議員劉泗英南川縣

參議會議長羅芷芳南川縣沁議會副議長周溶村鄉世
誼張茂春李暄榮童舒培周懷澄向先達李作舟劉雨若
劉榮卿王彥生婁中凡楊子戒丁秀君韋稚郎余伯謙郎
振緩賀雲程周世民楊友荄蓁　拜祝
中華民國三十一年壬午仲秋　穀旦

眉齊
置身善太古羲皇以上養生育主年逾耳順且
撰　周賀歸　金政行
唐元乾　陳祖澆　同拜祝

名称:**黄宾虹阳朔舟中所得图轴**

时代:民国

尺寸:高 118 厘米,宽 40.5 厘米

普查类别:书法、绘画

收藏单位:重庆市秀山土家族苗族自治县文物

管理所

名称:**张大千净瓶观音图轴**

时代:民国

尺寸:高 104 厘米,宽 40.8 厘米

普查类别:书法、绘画

收藏单位:重庆市北碚区图书馆

名称:**宗喀巴像唐卡**

时代:民国

尺寸:高 32.2 厘米,宽 24.5 厘米

普查类别:书法、绘画

收藏单位:重庆市九龙坡区华岩寺(佛教协会佛学院)

名称:**梁平加官晋爵红脸门神木版年画**

时代:民国

尺寸:高 58 厘米,宽 33 厘米

普查类别:书法、绘画

收藏单位:重庆市梁平区文物管理所

名称:**梁平加官晋爵白脸门神木版年画**

时代:民国

尺寸:高 58.7 厘米,宽 33.5 厘米

普查类别:书法、绘画

收藏单位:重庆市梁平区文物管理所

名称:**梁平门神木版年画**

时代:民国

尺寸:高 109 厘米,宽 56 厘米

普查类别:书法、绘画

收藏单位:重庆市梁平区文物管理所

名称：**十一面八臂观音画唐卡**

时代：年代不详

尺寸：高 53 厘米，宽 36 厘米

普查类别：书法、绘画

收藏单位：重庆中国三峡博物馆

巴渝藏珍系列图书是重庆市第一次全国可移动文物普查成果汇编,由两部分组成。其一为《巴渝藏珍——重庆市第一次全国可移动文物普查总结报告暨收藏单位名录》,收录了重庆市总报告、6家直属单位及39个区县的报告,以及全市165家国有文物收藏单位的基本信息。其二为《巴渝藏珍——重庆市第一次全国可移动文物普查文物精品图录》,由6部图录组成,分别是:标本、化石卷;石器、石刻、砖瓦、陶器、瓷器卷;书画、碑刻、古籍卷;金属器卷;工艺、文玩卷;近现代卷。

编委会及专家组讨论确定了编写体例和分卷原则,审定了编写组提交的入选文物清单。重庆中国三峡博物馆承担项目的组织工作。通过招投标,确定西南师范大学出版社为出版单位。

《巴渝藏珍——重庆市第一次全国可移动文物普查总结报告暨收藏单位名录》由重庆中国三峡博物馆甘玲、金维贤主编。各有关单位提供了本卷的图片。

《巴渝藏珍——重庆市第一次全国可移动文物普查文物精品图录》各分册分工如下:

卷一:标本、化石卷,由重庆自然博物馆李华、童江波主编。重庆自然博物馆地球科学部姜涛、钟鸣,生命科学部钟婧、陈锋、马琦参与初选整理;孙鼎纹、王龙重新拍摄了部分收录标本图片,向朝军对收录图片进行后期处理。相关区县博物馆、文物管理所提供了标本照片。

卷二:石器、石刻、砖瓦、陶器、瓷器卷,由重庆中国三峡博物馆王纯婧、李娟主编。重庆中国三峡博物馆藏品部甘玲、杨婧等参与了初选整理,研究部贺存定帮助初选石器文物。

卷三:书画、碑刻、古籍卷,由重庆中国三峡博物馆江洁、杨婧主编。重庆中国三峡博物馆藏品部胡承金等参与初选整理,研究部刘兴亮帮助初选古籍图书。

卷四:金属器卷,由重庆中国三峡博物馆夏伙根、吴汶益主编。重庆中国三峡博物馆藏品部庞佳、马磊参与初选整理。

卷五:工艺、文玩卷,由重庆中国三峡博物馆梁冠男、梁丽主编。重庆中国三峡博物馆藏品部庞佳、马磊参与初选整理。

卷六:近现代卷,由重庆中国三峡博物馆艾智科、张蕾蕾主编。

卷二至卷六所选文物藏品的图片,主要来自普查登录平台,重庆中国三峡博物馆文物信息部王越川为图片的提取、整理做了大量技术性工作。重庆中国三峡博物馆陈刚、申林与万州区博物馆李应东对不符合出版要求的图片进行了重新拍摄。

巴渝藏珍系列图书的编辑工作得到各直属单位和各区县的大力支持,重庆中国三峡博物馆抽调专业人员进行了为期一年多的文物甄选、资料收集、编辑、拍摄工作。编委会及专家组的王川平、张荣祥、刘豫川、白九江、邹后曦等先生对各分册编辑组提出的入选文物进行了审定。序言由李娟、黎力译为英文。西南师范大学出版社为图书顺利出版付出了大量辛勤劳动。对以上各单位的支持与专家、学者的付出,表示衷心感谢。

本丛书既是重庆市第一次全国可移动文物普查的成果汇编,也是重庆市可移动文物的第一部综合性大型图录,通过丛书可了解全市国有文物收藏单位及馆藏文物精品,进而了解重庆这座国家历史文化名城的深厚文化内涵。由于我们经验、水平和能力的不足,难免存在错讹和疏漏,敬请读者不吝赐教。